www.ingramcontent.com/pod-product-compliance
Lightning Source LLC
LaVergne TN
LVHW010805051026
849532LV00007B/2460
* 9 7 8 9 3 5 8 7 2 0 6 6 2 *

# آئینہ در آئینہ

(شعری مجموعہ)

عزیز قیسی

© Aziz Qaisi

**Aaina Dar Aaina** *(Poetry)*

by: Aziz Qaisi

Edition: September '2025

Publisher :

*Taemeer Publications LLC* (Michigan, USA / Hyderabad, India)

ISBN 978-93-5872-066-2

9 789358 720662




| | | |
|---|---|---|
| کتاب | : | **آئینہ در آئینہ** (شعری مجموعہ) |
| مصنف | : | **عزیز قیسی** |
| صنف | : | شاعری |
| ناشر | : | تعمیر پبلی کیشنز (حیدرآباد، انڈیا) |
| سالِ اشاعت | : | ۲۰۲۵ء |
| صفحات | : | ۱۴۲ |
| سرورق ڈیزائن | : | تعمیر ویب ڈیزائن |

عزیز قیسی

# آیینه در آیینه

عزیز قیسی

# آئینہ در آئینہ

عزیز قیسی

مکتبہ صبا حیدرآباد، اے پی

عزیز قیسی

★

مختارِ مَن

زہرہ

کے

نام

عزیز قیسی

# آئینہ در آئینہ

# ترتیب

# صحیح مصرعے یوں ہے

| | | |
|---|---|---|
| ص ۱۶ | آخری سطر | بس ایک معرکۂ ظلم اور سر کر لو |
| ص ۵۰ | چوتھی سطر | اک تبسم ہے اشکوں سے دھویا ہوا |
| ص ۷۸ | چوتھی سطر | جس کی دھار کبھی نہ لوٹے |
| ص ۱۰۱ | پانچویں سطر | ان کے ندامت کا افسانہ |
| ص ۱۱۳ | تیرھویں سطر | اتنا گم سم ہے کہ خود اُن کا اک بدن ہے تو |
| ص ۱۱۴ | نویں سطر | پھر یہاں تجھ کو جو مل جائے تو سرگوشی میں |
| ص ۱۳۲ | آٹھویں سطر | اور حکم ہے جرم سزایش اولی الامر ہیں |
| ص ۱۳۶ | سترھویں سطر | پھوٹیں ندیوں کی چُنریاں |
| ص ۱۴۱ | چوتھی سطر | جسم کے اس کا بدن ہی بنتا تھا |

# پیش لفظ

کچھ آوازیں ہیں
آوازوں کے دیکھو جسم بھی ہیں پیراہن بھی ہیں
اُنھیں میں تم بھی ہو، مَیں بھی ہوں
مَیں کیا ہوں؟ مری آواز کا چہرہ بنا کر دیکھ لو

- - - - - - - - - - - - - - - - -

- - - - - - - - - - - - -

- - - - - - - -

کوئی سورج کسی کی آستیں سے پھر ہمیں آواز دیتا ہے
اور اس آواز سے حدِ نظر تک روشنی سی ہے
کوئی سورج، کوئی جگنو
کوئی مشعل، کوئی تارا
کوئی آواز، کوئی چیخ، کچھ بھی ہو
سبھی مَرتے ہیں، لیکن مرتے مرتے روشنی کی گونج بن جاتے ہیں
آؤ گونج سے جھڑتے شراروں کو سمیٹیں
اُن کے ریشم سے ملایم تر سینوں میں چھپا لیں
زخم کرلیں دل کو اور پھر زخم سے گُل، گُل سے نغموں کی نویں مانگیں
پھر ان کو جب تلک چلنا ہے کوئی نام دے لیں
خواب کہہ لیں یا حقیقت ـ یہ سفر ہے اور اندھیرا مستقل ہے
اپنی آوازوں کو اپنا ہم سفر کر لیں
(باقی ست شبِ فتنہ)

شاعری آوازوں کا آئینہ خانہ ہے، سچی آوازیں وہ ہیں جن کی روشنی میں ہم اپنا چہرہ بھی دیکھ سکتے ہیں، اور دوسروں کو اُن کا چہرہ بھی دکھا سکتے ہیں۔ غیر معتبر، تقلیدی

اور روایتی شاعری وہ ہے جو اپنے وجود کے تجربے سے نہیں، بلکہ اندھیرے کے بطن سے پھوٹتی اور اندھیرا ہی اُگلتی ہے، جو نہ اپنے چہرے کا شناس نامہ بن سکتی ہے، نہ دوسرے چہروں کو آئینہ دکھا سکتی ہے۔ ایسی شاعری آوازوں کی وہ بھول بھلیاں ہے جس میں لفظ معنی سے، صوت نغمے سے اور لہجہ مغزِ کلام سے کوئی علاقہ نہیں رکھتا۔ بے معنی الفاظ کا جنگل، جہاں نہ معنی کی جلوہ گری ہے، نہ احساس و جذبہ کی چہرہ نمائی۔ شاعری فرد کے اندر کا اندھیرا بھی ہو سکتی ہے، اور روشنی کی گونج بھی بن سکتی ہے۔ اندھیرے میں آواز تنہا بھٹکتی ہے اور روشنی کی ڈور کا سرا پالے تو آوازوں کا کارواں بن جاتی ہے ؎

ہم اپنی اپنی ظلمت، اپنی اپنی روشنی خود ہیں

شاعری کے اس نظریے کو زندگی کا ایک تصور بھی سمجھا جا سکتا ہے۔ عزیز قیسی کی نظم 'باقی ست شب فتنہ' اسی تصورِ حیات و فن کا آئینہ ہے، اسی روشنی میں انہوں نے اپنی آوازوں کا وہ آئینہ خانہ سجایا ہے، جو آئینہ در آئینہ ہماری نظروں کے سامنے پھیلا ہوا ہے۔

قیسی کو میں اُس وقت سے جانتا ہوں جب وہ اپنی آواز کو اپنا چہرہ بنانے کا فن سیکھ رہے تھے۔

آواز کا بھی چہرہ ہوتا ہے، شخصیت ہوتی ہے۔

قیسی کی آواز، اُن کے چہرے اور شخصیت کے توسط کے بغیر بھی سُنی جائے تو خود آواز کی جو شخصیت ہم پر لفظ بہ لفظ اپنا نقش چھوڑتی ہے، اُس میں اعتماد، بھاری بھرکم پن، وقار، صلابت، بے باکی اور وہ بے لوث سچائی، جو شخصیت کی روشنی سے جنم لیتی ہے، نمایاں محسوس ہوتی ہے۔ قیسی کا چہرہ سامنے رہے تو اُن کے پتھر کے سے ترشے ہوئے خدوخال، پختہ رنگ، گہرے سیاہ بال، اُونچا سیدھا مضبوط قد، اُن کی آواز کو اور بھی وزن عطا کرتے ہیں، لیکن اُن کا ظاہر آواز کی اُن نرمیوں کو جو درد مندی اور گداز قلب کا آئینہ ہیں، اپنے دامن میں یُوں چھپا لیتا ہے کہ جب تک اس سنگِ خارا سے شرارے کا تعلق قایم نہ ہو، آواز کی نرمیاں منکشف نہیں ہو سکتیں۔ چہرے دھوکا دے سکتے ہیں، مگر آواز دھوکا نہیں دیتی، قیسی کی آواز کا بھاری پن اور صلابت اُن تہ در تہ نرمیوں سے عبارت ہے، جسے رگِ گُل سے تو کاٹا جا سکتا ہے، مگر تلوار کی آنچ سے نہیں پگھلایا جا سکتا۔ قیسی نسلاً پٹھان ہیں، آزادہ روی، سرکشی، بے باکی اور غیرت کا مجسمہ، ظاہراً تلنگانہ کی اُس دھرتی سے اُن کا خمیر اُٹھا ہے جو سنگِ اسود کی مضبوط چٹانوں کو آدمی کا رُوپ دے دیتی ہے، طبعاً وہ شاعر ہیں، حساس، زُود رنج، جذباتی، اُن کی جمالیاتی حس ذکی ہے، الفاظ سے اُس کی آواز کا وہی رشتہ ہے جو معنی کا ہوتا ہے۔

آج سے بیس برس قبل حیدرآباد جن آوازوں سے آباد تھا، اُن میں مخدوم، اریب، شاہد صدیقی

# عزیز قیسی



اور لطیف ساجد کی آوازیں ممتاز اور منفرد تھیں، آج یہ چاروں آوازیں اندھیرے میں ڈوب کر روشنی کی گونج بن چکی ہیں۔ لطیف ساجد شہرت ملنے سے پہلے جواں مرگ ہوئے، شاہد اور مخدوم یوں اچانک رخصت ہو گئے کہ اُن کی آوازوں کے شعلے بھی اُنھیں کھوجتے ہی رہ گئے، اریب زندگی بھر موت سے نبرد آزما رہنے کے بعد پہلے اپنی آواز اور پھر اپنے الفاظ بھی موت کے اندھیروں کو سونپ گئے ———.

اور آج سے بیس برس قبل کا حیدرآباد ان آوازوں سے محروم ہو کر خاموشی کا صحرا بن گیا۔ جن آوازوں کے سرگٹ گئے، اُن کی لوئیں اب بھی فضا کے دوش پر تیرتی، اُبھرتی ہیں، نئی آوازیں اُن سے اپنا رشتہ قائم کرتی ہیں، مگر جو آواز ڈوب گئی، وہ گونج بن کر زندہ تو رہ سکتی ہے، نئے نغمے نہیں جگا سکتی۔

بیس برس قبل ہی آوازوں کے اس نگار خانے میں ایک نئی توانا اور جاندار آواز اُبھر رہی تھی، اُس وقت اِس آواز سے میرا تعارف ہوا تھا:

اورنگ آباد (دکن)، پہلے عام انتخابات کی ہماہمی، تلنگانہ کی مسلح جدوجہد منتشر ہو رہی تھی، مگر ابھی اُس کی لہریں آوازوں کو چھوتی اور اُن میں گونجتی تھیں، ترقی پسند تحریک عوام میں اپنا اعتبار قایم کیے ہوئے تھی ——— حیدرآباد سیاسی، تہذیبی اور ادبی سرگرمیوں کا مصدر تھا۔ میرے ایک کرم فرما نسیم الحسن رضوی نے حیدرآباد کی ایک آواز کا تعارف کرایا، میری مشقِ سخن کی بھی ابھی ابتدا تھی، آواز کا جو چہرہ میرے سامنے آیا وہ خاصا درشت، جذباتی اور کھردرا تھا۔ اس وقت اورنگ آباد میں جو شعر لکھتے خصوصاً قاضی سلیم اور عروج، وہ لوگ اور میں شاعری کے اس رنگ کو شاعری ماننے پر آمادہ نہ تھے۔ مگر اتنا ضرور ہوا کہ ذہن میں آواز اور چہرے کا نقش محفوظ رہ گیا ——— ایک سال بعد، جب میں خود حیدرآباد چلا گیا تو قیسی کی آواز کلاسیکی اسالیب اور آوازوں سے اپنا رشتہ تلاش کر رہی تھی، انیس ان کے پسندیدہ شاعر تھے۔ انیس کا جادو کس پر نہیں چلا، اقبال، چکبست، جوش، سردار، کیفی، مجاز، مخدوم، جذبی سب کی نظمیں اس اثر کی غماز ہیں۔ کچھ نے انیس کا اثر براہِ راست قبول کیا، کچھ نے جوش کے واسطے سے ——— قیسی حیدرآباد کے شعرا میں اس لحاظ سے اُس وقت بھی منفرد تھے کہ انھوں نے براہِ راست اور بالاستیعاب انیس کو پڑھا تھا، اور اُن سے زبان، لہجہ، محاورہ اور طرزِ بیان سیکھا تھا۔ اُن پر دوسرا اثر اقبال کا تھا۔ مگر یہ اثر فکر کی جہت میں زیادہ نمایاں تھا۔ اقبال کے فکری سرمائے سے انحراف کے باوجود تفکر کا رنگ وہیں سے مستعار معلوم ہوتا تھا۔ کیونکہ قیسی جس ترقی پسند تحریک کے اثر میں تھے، اُس میں فکر کی جہت معدوم تھی۔ اسی زمانے میں فیض کی 'دستِ صبا' آئی اور کلاسیکی شاعری سے ترقی پسند غزل نے نیا تعلق قائم کیا۔ قیسی نظموں کے شاعر تھے، اور غزلیں بھی کہتے تھے، سناتے نہ تھے، مگر جب ان کی غزلیں سننے کا موقع ملا تو پتہ چلا کہ انھوں نے میر ہی نہیں جن کے لہجے کی بازیافت ایک حلقے میں فیشن بن رہی تھی، بلکہ مصحفی، سودا، آتش، میر حسن اور یگانہ تک

کو پڑھا اور انھیں شاعری میں برتنا سیکھا تھا۔ مگر اپنی آواز کو پہچاننے کے بعد دوسروں کے لہجوں کا اثر خود بخود زائل بھی ہو جاتا ہے۔ اُس وقت تک قیسی کی اپنی آواز نہیں بنی تو، شاید اسی لئے قیسی نے اُس دور کی بیشتر نظمیں بھی مجموعے میں شامل نہیں کی ہیں ـــ جب قیسی نے ان آوازوں کی شمعیں ایک طرف ہٹا کر رکھدیں، اور اپنی آواز کا شعلہ جگایا تو پچھلی آوازوں کی بازگشت پس منظر میں چلی گئی۔ قیسی نے فارسی کے اساتذہ کو بھی اپنے لہجے میں تحلیل کیا ہے اور جدید انگریزی شاعری کو بھی پڑھا ہے۔ کلاسیکی اور جدید شاعری کے اس وسیع مطالعے نے انھیں یہ بات سکھائی ہے کہ شاعری میں اپنی آواز اور اپنا لہجہ ہی اعتبار کا حقدار ہوتا ہے۔ انھوں نے بہت سے ناپختہ ذہن شعرا کی طرح محض اخذ و استفادے ہی کو اپنی انفرادیت کا سہارا بنانے کی رائیگاں سعی نہیں کی اور آغازِ شوقِ سخن کی ان لغزشوں پر جلد ہی، قابو پالیا۔

جب تک ترقی پسند شاعری کا دَور دَورہ رہا، قیسی کی آواز کا چہرہ چہروں کے جنگل میں گم، خود کو کھو جاتا، پاتا اور بار بار گم کرتا رہا ـــ لیکن انھوں نے اپنی تلاش کا یہ عمل ترک نہیں کیا، اگر وہ خود کو گم کرنے پر ہی مطمئن ہو جاتے تو اُس دَور میں رُوشناس ہونے والے بیشتر نظم گو شعرا کی طرح پھر کبھی اپنے کو نہ پا سکتے۔ وہ کٹر ترقی پسند اور کمیونسٹ بھی رہے اور اب بھی اپنی سماجی فکر اور سیاسی پسند میں بائیں بازو ہی کی طرف ہیں۔ مگر شاعری میں انھوں نے سیاست کے غیر ضروری تسلط کو آہستہ آہستہ جھٹک کر اپنے ذہن اور دل دونوں کو آزاد کر لیا۔ ۵۵ء میں حیدرآباد میں ترقی پسند تحریک و تنظیم پر وہ تاریخی مباحثہ ہوا، جس میں اُس وقت کے جیّد ترقی پسند ناقدین و شعرا شریک تھے۔ اُس بحث میں ترقی پسند تحریک کی خامیوں اور تنظیم کی بے معنویت پر میرے ساتھ جس شخص نے سخت ترین تنقید کی وہ قیسی ہی تھے۔ ہم دونوں ترقی پسند مصنفین کی انجمن کے سرگرم رُکن رہ کر جس ذہنی سفر سے گذرے تھے، اُس نے ہی ادب کے خالص سیاسی تصوّرانہ تنظیم کی سیاسی نوعیت سے ہمیں منحرف کیا تھا۔ قیسی کا تعلق ترقی پسندی سے زیادہ استوار تھا۔ شاید اسی لئے 'صَبا' کے صفحات پر ترقی پسندی کے متعلق ۵۸ء میں جو گرما گرم بحث ہوئی، اُس میں وہ غیر جانبدار رہے۔ اس خاموشی کے باوجود اخلاقی طور پر وہ میری تائید کرتے رہے۔ ان بحثوں اور مناظروں میں قیسی کی جرأتِ فکر اُن کے اپنے ذہن کی روشنی کا نتیجہ تھی۔ آج ادب میں جدیدیت یا جدید شعر و تنقید کی اوّلیت کا سہرا اپنے سر باندھنے والے بہت پیدا ہو چکے ہیں۔ لیکن آج سے پندرہ سولہ برس پہلے ادب میں سیاسی نظریات کی آمریت کے خلاف جہاد کرنا بہت مشکل تھا۔ اس کارِ دشوار کے لئے بڑی جرأتِ فکر اور صلابتِ کردار کی ضرورت تھی۔ چند برس بعد جب یہ بغاوت فیشن اور روایت بن گئی تو لہو لگا کر شہیدوں میں نام لکھوانا ادبی شہرت کا آسان ترین وسیلہ بن گیا۔ قیسی اس پُل صراط سے استقامت کے ساتھ گزرے۔ مگر انھوں نے اپنی اس جرأت کی قیمت ادبی شہرت کی صورت میں وصول کرنے کی کبھی کوشش

نہیں کی۔ قیسی نے اُس زمانے میں مُروّجہ فیشن سے جو انحراف کیا' وہ اب تک اُس پر قائم ہیں' اور اسی کا نتیجہ ہے کہ وہ آج کی فیشن زدہ اور تقلیدی شاعری کو بھی 'جدید' ہونے کی واحد علامت نہیں مانتے۔ جس کے پاس اپنی روشنی ہو' وہ مانگے کے اُجالے کو اپنا شعلہ بنانے سے ہمیشہ گریز کرے گا۔

۵۹ء میں قیسی بمبئی چلے گئے۔ حیدرآباد میں اُن کی عدالت کی ملازمت غیر شاعرانہ نوعیت کی تھی۔ وہ سمجھتے تھے کہ فلم لائن میں وہ ادب و شعر کی طرف زیادہ توجہ کرسکیں گے۔ لیکن بمبئی نے انھیں شاعری کی طرف توجہ کرنے کی برسوں مُہلت ہی نہ دی۔ وہ اس تمدّاد شہر کے سیلاب میں معاش کی جہد کا ایک پُرزہ بن گئے۔ بمبئی ایسے بڑے صنعتی اور تجارتی شہر میں رہ کر خود کو کاروبارِ دُنیا سے مامون رکھنا آسان نہیں۔ فلم میں شعر و ادب بھی جنسِ تجارت ہیں اور کچھ نہیں۔ ہماری زبان کی یہ سب سے بڑی بدقسمتی ہے کہ اُس کے لکھنے والے لکھنے کے کام کو اپنا پیشہ نہیں بنا سکتے۔ یونیورسٹی اور اسکول کی ملازمت ہو یا دفتروں اور کمپنیوں کی' سب میکانکی فکر اور روایتی ذہن کا مطالبہ کرتی ہیں۔ تخلیقی کام کے لیئے یہ مصروفیتیں زہرِ قاتل کا اثر رکھتی ہیں۔ قیسی نے کہانی' اسکرین پلے' مکالمے' گیت' ہر میدان میں طبع آزمائی کی۔ اُن کی زُود قلمی اور زبان پر قدرت اُن کے کام آتی رہی' مگر فلم میں کامیابی کے لیئے جو مصلحت اندیشی' دُنیا داری' سمجھوتے کی ذہنیت چاہیئے' وہ قیسی کے پاس نہ تھی' اس لیئے وہ آج تک اس عالمِ برزخ میں غیر یقینی اور عدمِ تحفظ کے احساس کا شکار ہیں۔

معاشی زندگی کی ناآسودگی اور غیر یقینی کیفیت نے اُن کی شاعری کو نئی جہتوں سے آشنا کیا۔ صنعتی شہر کے آسیب کو جدید شاعری کا طُرّۂ امتیاز بنانا ایک بات ہے اور اس تجربے کا تخلیقی اظہار دوسری بات۔ قیسی کے یہاں نہ تو صنعتی شہر کا تسلط ہے' نہ اس سے فرار کا فارمولا' وہ حقیقت پسندی کی آنکھ اور اپنے وجود کے تجربے سے اپنے مُلک اور خصوصاً بڑے شہروں کے بدلتے ہوئے معاشرے اور ٹوٹتی ہوئی اقدار کا عرفان حاصل کرتے ہیں۔ اُن کے لئے ہر تجربہ شعری تخلیق کا محرک بن سکتا ہے' بشرطیکہ اُس کا اظہار فنی سطح پر ہو۔ قیسی نے اپنے کو جدید شعری موضوعات کے کسی حصار میں قید نہیں کیا ـــ شکستِ اقدار و خواب' بے یقینی' تذبذب' تشکیک' انتشار' تہذیب سے گریز' عقل اور عقلیت کی مخالفت' سیاسی سماجی مسائل سے فرار' ذات کی تلاش'۔۔ ۔۔۔۔۔ ابلاغ و ترسیل میں ناکامی' خود نگری اور خود نمائی' زندگی گریزی اور موت کی جستجو' ان میں سے کوئی بھی مسئلہ قیسی کی شاعری کا شناس نامہ نہیں' حالانکہ یہ تمام مسائل و رجحانات دوسرے وسیع تر تجربات سے آمیز ہو کر اُن کے تخلیقی عمل میں شامل ہیں ـــ اُن پر ترقی پسندی کے لہجے کا بھی اثر ہے۔ کلاسکیت کے اسالیب کا بھی' رُومانی طرزِ فکر کا بھی اور جدیدیت کا بھی ـــ لیکن نہ تو ان کی شاعری خالص کلاسیکی ہے' نہ خالص سماجی معنویت کی شاعری' نہ رومان زدہ'

اور نہ فیشن زدہ فارمولا گزیدہ جدید، بلکہ تخلیقی سطح پر انہوں نے ان سب اثرات کو باہم آمیز کر کے اُسی طرح اپنا اظہار کیا ہے، جس طرح ہماری آج کی زندگی، سماجی رویّے، طرزِ فکر اور اندازِ احساس میں یہ سب عوامل شریک بھی ہیں اور باہم ستیزہ کار بھی۔ اگر آج کی حقیقت کا شاعرانہ ادراک اور جدید احساسی رویّوں کے مطابق اُن کا اظہار شعر کو جدید بنا سکتا ہے تو یقیناً قیسی کی شاعری جدید ہے ـــــ جو بیسویں صدی کے چھٹے اور ساتویں دہوں میں ہی تخلیق ہو سکتی تھی۔ اس شاعری میں ماضی سے انحراف ہے، مگر شعری روایت سے قطعِ تعلق نہیں۔ زبان اور محاورے کی تبدیلی ملتی ہے مگر عجزِ بیان کی صورت میں نہیں بلکہ زبان پر استادانہ قدرت کی شکل میں، موضوعات کی رنگا رنگی ہے مگر موضوعات اس کی شکل متعین نہیں کرتے بلکہ یہ شاعری موضوعات و مسائل کو نئی معنویت دیتی ہے۔ اس شاعری کا لہجہ پچھلے ادوار کے لہجوں سے ممیز ہے۔ مگر یہ امتیاز ہیئت یا لفظوں کے تجربے کی شعوری کوشش کا زائیدہ نہیں، ذہنی اور احساسی رویّے کے نئے پن کا پروردہ ہے۔ ہم اس شاعری کو جدیدیت کے کسی فارمولے یا کلیے کا تابع نہیں کر سکتے، پھر بھی یہ صد فیصد جدید ہے۔ یہ شاعری سماجی معنویت کی منکر نہیں بلکہ اُس کی قائل ہے، سیاسی مسائل سے گریزاں نہیں بلکہ زندگی میں اُس کے عمل دخل کی ترجمان ہے۔ اس لحاظ سے سطحی نظریے سے ترقی پسند شاعری کی روایت کی توسیع قرار دے گی۔ مگر شاعر کا بنیادی رویّہ بنے بنائے نظریاتی سانچوں میں ڈھلا ہوا نہیں، آزاد اور نا بستہ ہے، اس پر شک اور بے یقینی کی پرچھائیاں لرز رہی ہیں، اور جدید طرزِ فکر و احساس کے سارے عناصر اس میں اپنے وجود کا اعلان کر رہے ہیں۔ یہاں ترقی پسندی سے انحراف بھی ہے، اور موضوعات کے انتخاب میں آزادی کا میلان بھی۔ یہ شاعری آج سے بیس برس قبل قابلِ قبول نہ ہوتی، مگر آج اس آواز کا چہرہ اُتنا ہی جانا پہچانا معلوم ہوگا جتنا ہمارا اپنا چہرہ ہمارے لیے شناسا ہے۔

عزیز قیسی کا مجموعہ "آئینہ در آئینہ" آپ کے سامنے ہے۔ اِن آئینوں میں اُن کی آواز کے سارے اُتار چڑھاؤ، خط و خال اور ارتقا آپ کو نظر آ سکتا ہے ـــــ پیش لفظ میں لفظوں کے تجزیے اور تفصیلی مطالعہ کی گنجائش نہیں ہوتی۔ اجمالاً میں اُن چند نقوش کی طرف اشارے کروں گا، جن کا عکس اِن آئینوں میں گہرا بھی ہے اور جو آوازوں کے اس نگار خانے کی سیر میں کلیدِ نظر کا کام بھی دے سکتے ہیں:

اک اور رات اسی دشت میں بسر کر لو　　تڑپ تڑپ کے شبِ درد کی سحر کر لو
سحر کو دردِ زباں اور رات بھر کر لو　　بس ایک معرکۂ قلم اور سر کر لو

بڑھو کچھ اور کہ لاشوں میں راستا سا ہے
یزیدِ عصر سلامت، حسین پیاسا ہے

(لبِ فرات)

یہ نیلا آسماں کوئی ہلاک بزہر ہے شاید  دیارِ کہکشانی آگ کا اِک شہر ہے شاید
شفق مقتول تاروں کے لہو کی نہر ہے شاید  یہ دُنیا میری صورت وہ غریب شہر ہے شاید
جسے چلنے کی پابندی ہے، جو مَر مَر کے چلتا ہے
خیال آتے ہیں کیا کیا دِل میں جب سورج نکلتا ہے

(طلوعِ درد)

یہ وہ آواز ہے جو اجنبی نہیں، کیونکہ اس پر نظم کے کلاسیکی اسلوب کا عکس پڑ رہا ہے۔ مگر اس آواز کی تشکیل کرنے والا رویّہ نیا ضرور ہے، اس آواز کا ایک اور چہرہ بھی ہے،

کبھی جو ہار کے اُٹھا جہاں کی محفل سے
نہ جانے کیوں مرے دِل میں خیال آیا ہے
کہ تجھ سے جا کے شکایت کروں زمانے کی  (داد گر)

یاد کے چل پڑے کارواں ذہن میں
حادثے ہو رہے ہیں جواں ذہن میں
پھر گشتیں مرگِ جذبات کی ساعتیں  آنکھ میں ہیں جنازے سے اُٹھتے ہوئے
ہم سفر ہاتھ پیوستہ باہم دِگر  وقت کی تیرہ راہوں میں چھٹتے ہوئے
ہجر کی ساعتیں شور کرتی ہوئی  وصل کے ولولے دِل میں گھٹتے ہوئے
عارضوں کے کنول جھلملاتے ہوئے
آنسوؤں کے دیے ٹمٹماتے ہوئے

(چاندنی کے شہر میں)

اور بھی کچھ جینے کے بہانے
دردِ جہاں نے بخش دیئے ہیں
اور میں اس آباد جہاں میں
تیرا چہرہ بھول گیا ہوں

(درد کے حیلے، غم کے بہانے)

عزیز قیسی



یہ شہر ——— شہرِ نگارانِ ماہ پیکر ہے
یہاں پہ چاند اندھیروں میں قتل ہوتے ہیں
یہاں ہنر کو متاعِ وفا میسّر ہے
یہاں پہ روٹیاں رکھی ہیں جوتیوں کے تلے

عجیب ہیں بری باتیں، عجیب ہے احساس
کہ آدمی تو بہرحال بے سہارا ہے
یہاں سوال ملے راستوں پہ سوئے ہوئے
یہاں جواب ملے الجھنوں میں کھوئے ہوئے
یہاں وہ ہاتھ ملے جن کا لمس زندہ ہے
یہاں وہ جسم ملے جن کی آگ لاوشن ہے
عجیب ہیں بری باتیں، عجیب ہے احساس

(غریبِ شہر)

اس لہجے میں وہ رومانی دردمندی اور مانوس اندازِ تخاطب ہے جس کی پرورش پہلے ہماری غزلیہ شاعری نے اور پھر رومانی اور ترقی پسند شاعری نے کی ہے۔ لیکن اس لہجہ کی تہ میں خود اپنی تلاش کی جو اندرونی لہر کارفرما ہے وہ بالکل نئی نہ ہوتے ہوئے بھی ترقی پسند دَور کے لہجے سے نمایاں طور پر مختلف ہے۔ 'غریبِ شہر' کے آخری بند میں لہجے کے ساتھ رویّے کی تبدیلی خاصی معنی خیز ہے:

کسی اُداس شبِ ماہ میں، کبھی جب میں
گرجتے، چیختے، چنگھاڑتے سمندر سے
یہ پوچھتا ہوں "تجھے کب سکون ملتا ہے؟"
"کبھی تہوں میں ہے ہل چل، کبھی کناروں پر
کبھی ہے سطح پہ شوریدگی، کبھی دل میں"
تو تھوڑی دیر سمندر اُداس رہتا ہے
پھر اس کے بعد ہلاتا ہے ہاتھ موجوں کے
خدا گواہ سمندر مجھے بلاتا ہے
"اب آ کہ مجھ سے تری روح کو علاقہ ہے
اب آ کہ میں تو ترے پاس آ نہیں سکتا!"

اس بند میں "سمندر" کی علامت میراجی کی نظم "سمندر کا بلاوا" کی یاد دلاتی ہے۔ مگر علامت کی مشابہت کے باوجود یہ بند بھی میراجی سے مختلف ہے۔ قیسی کی اس نظم اور دوسری کئی نظموں کا لہجہ رومانی ہے ـــــ مگر یہ رومانیت سطحی جنس زدگی یا عنفوانِ شباب کے جذبات کا اُبال نہیں، بلکہ حیات و کائنات کی طرف ایک مخصوص رویّے سے عبارت ہے۔ اس رومانیت پر انقلابی رومانیت کا عکس بھی ہلکا سا ہے، مگر اساسی طور پر یہ رویّہ وہ ہے جو ترقی پسند شاعری کے زوال کے خلاف اُن میلانات کی شکل میں بنا تھا جو سیاسی شعور کی جگہ جذبۂ احساس کی سچائی، اجتماعیت کی جگہ داخلیت اور موضوعیت ـــــ (Subjectivity)، آدرش پرستی کی جگہ آدرشوں کی شکست کی کرب ناکی اور رجائیت کی جگہ انسانی المیے اور موجودہ معاشرے میں فرد کی بے وقعتی کے احساس کو اہمیت دیتا تھا۔ بعض ظاہری مماثلتوں کی بنا پر اسے کچھ لوگ نورومانیت کہہ سکتے ہیں مگر میں اسے مخالف رومانیت ـــــ (Anti Romanticism) کہنا پسند کرتا ہوں۔ قیسی کی نظموں کا رومانی لہجہ گمبھیر بھی ہے اور فکر کی آنچ سے گداختہ بھی۔ ان نظموں کی عشقیہ لَے میں بھی "اختر شیرانیت" یا وہ "مجازیت" نہیں ملے گی، جو افلاطونی تصوراتِ عشق کو ارضیت اور مجاز کا رنگ دینے ہی پر مطمئن ہو جاتی ہے اور عشق کا رشتہ فرد کی ذات اور سماج کے عوامل سے نہیں جوڑتی ـــــ میں اسے مخالف رومانیت اس لیے کہتا ہوں کہ یہ وجود کے پورے تجربے کا اظہار ہے، اور اس تجربے کی مختلف سطحوں پر افلاطونی عشق ہو یا عنفوانِ شباب کی جنس زندگی کا معصومانہ اظہار، دونوں کی تردید ہوتی ہے۔ بحیثیت مجموعی اپنے وجودی تجربے سے شاعر تمام مظاہرِ حیات کو ایک رشتے کی کلّیت میں جوڑ دیتا ہے۔ زندگی کا یہ وجودی عرفان تصوریت یا عینیت کی نفی کرتا ہے جبکہ رومانیت کی اساس ہی ایک طرح کی تصوریت پرستی پہ ہے ـــــ قیسی نے اپنے تخلیقی عمل میں 'رومانیت' سے 'مخالف رومانی رومانیت' تک جو سفر طے کیا ہے۔ اس کے نقوش کا ایک سرسری جائزہ اُن کے طرزِ فکر و احساس کے رُخ کو سمجھنے میں مدد دے سکتا ہے:

میں تم سے کہنے آیا ہوں
انساں لافانی ہے، اَمر ہے
موت تغیّر کا ایک پل ہے

(بنام ابنِ آدم)

میرے خیر و شر کے محاسب — تجھ پر تو سب کچھ روشن ہے
میری سزا، جزا کے مالک — میرا جرم یہ میرا فن ہے
اپنی تمنّا کا ملزم ہوں
میں ان خوابوں کا مجرم ہوں

(کنشن)

تم کو خود اپنی ہستی کا عرفاں نہیں
تم ہی معبود ہو، تم ہی مسجود ہو
شش جہت میں تمھیں تم تو موجود ہو (بے مکاں - لامکاں)

ان نظموں کی تہہ میں انسان، زندگی اور فن کے متعلق رومانی آدرش کار فرما نظر آتے ہیں، جو ٹوٹ رہے ہیں۔ مگر شاعر کو عزیز ہیں، اس کا (Disillusionment) 'شکستِ فریبِ فکر' کا عمل اب تک آدرش پرستی سے چپٹا ہوا ہے۔ لیکن یہ نقوش دھندلے پڑتے جارہے ہیں اور آہستہ آہستہ جو نقوش روشن ہوتے دکھائی دیتے ہیں اُن میں بے رحم حقیقت پسندی کی وہ آنکھ عُریاں ہو رہی ہے جس پر رومانیت کے رنگین دُھندلکوں نے پردہ سا ڈال دیا تھا:

زندگی ہے کہ مال سرقے کا
چور بازار ہے کہ دُنیا ہے (چور بازار - بمبئی - ۵۸ء)

اِس تسلّی پہ ہم لوگ برباد ہیں
یہ زمیں ہم سے پہلے بھی آباد تھی (مآلِ کار - ۶۸ء)

دِل اب اس ایمان پہ خوش ہے
جیسے بھی ہو، جب تک بھی ہو
مرتے جیتے ایک دفعہ بس جی لینا ہے
لوحِ جہاں پہ
حرفِ مکرّر
کوئی نہیں ہے (آخری جنم - ۶۱ء)

تم یہاں سو جاؤ
تم کو یہ جگہ بھی گر نہ ملتی تم گلہ ہم سے نہ کرتے
ہم تمہار ساتھ کچھ مٹّی دیئے جاتے ہیں
اِسی مٹّی سے اب ہم رنگ ہو جاؤ
یہ سنّاٹا تمہارے ساتھ ہے اب اس سے ہم آہنگ ہو جاؤ

تمہارے چاند سورج مر چکے ہیں

- - - - - - - - - - -

تم یہاں سو جاؤ
اپنا بوجھ اُٹھائے ہم بھی آئیں گے
ہمارے چاند سورج بھی مریں گے (رفتگاں)

ایک دن ہمیشہ تکفیر لیے
میں نے تنصیب سے تجسیم تک
اسمات سے آفاق تک
ایمان سے اوہام تک
آذر کدۂ جاں کا وہ بت،
توڑ دیا
کیا ہوا؟
صورت و صوت و صدا کچھ بھی نہیں
بجز احساسِ خلا کچھ بھی نہیں
ایک تعدیم کی ظلمت کے سوا کچھ بھی نہیں

- - - - - - - - - -

- - - - - - - - - -

یہی مکتی ہے تو جینے کی سزا کیا ہوگی؟ (مکتی ۔ ۶۷ء)

بس اب مآلِ شکستِ بیاں کی باری ہے
فسانہ کوئی نہیں ـــــ اب تو جاں کی باری ہے
(الف لیلیٰ کی آخری صبح ۔ ۷۰ء)

وہ نظمیں جو رُوح کے آئینے میں معاصر حقیقت کے سچے اور بے نقاب چہرے دکھانے میں تمام رومانی آدرشوں سے آزاد ہوگئی ہیں، اس مجموعے کی کامیاب ترین نظمیں ہیں۔ ان نظموں کی سچائی اس میں ہے کہ یہ طے شدہ نتیجوں اور بنے بنائے سانچوں کے مطابق نہیں، بلکہ تخلیقی عمل کی آنچ

میں پگھل کر خارجی اور داخلی حقائق کا ایسا آئینہ بن گئی ہیں جن میں آج کی حقیقت اور داخلی طرز ہائے عمل کے چہرے صاف دکھائی دیتے ہیں۔

اُوپر جن نظموں کے اقتباسات یا اشعار دیئے گئے ہیں وہ شاعر کے طرزِ فکر کو سمجھنے میں تو مدد دے سکتے ہیں، مگر نظم کے آرٹ میں شاعر کی انفرادیت پر پوری طرح روشنی نہیں ڈال سکتے، کیونکہ ہر نظم اپنی جگہ تخلیقی اکائی ہوتی ہے، جب تک پوری نظم سامنے نہ ہو، موضوع کو برتنے کا طریقہ، فنّی در و بست، خیال یا احساس کی پیش کشی کا انداز اور شاعر کا لہجہ نمایاں نہیں ہو سکتا ـــــ میں اس سلسلے میں قیسی کی اُن نظموں کی طرف پڑھنے والوں کی توجہ مُنعطف کرانا چاہتا ہوں، جن کے عنوانات یہ ہیں:

میں، اَزل ـ اَبد، مُکتی، انام،
باقی مست شبِ فتنہ، زہریلے پانیوں میں،
ققنس، مواخذہ، نالہ بے آسماں،
لبِ فرات، رفتگاں، غریب شہر،
بے مکاں ـ لامکاں، کاواک، دُہائی،
صدائے بے گُنبدِ بے روزن و دَر ـ

اس مجموعے میں چند مختصر نظمیں بھی ملیں گی، جو آج کی اس مقبول صنف کا عُمدہ نمونہ ہیں۔ برزخ کی شمع، دشتِ ہُو، تلازم، مآلِ کار، وَرائے سرحدِ دل۔

عزیز قیسی نے صحایف کی زبان خصوصاً اِنجیل کے اسلوب سے فائدہ اُٹھا کر ایسی نظمیں لکھی ہیں، جو اُردو کی جدید شاعری میں اس لحاظ سے بھی اہمیت رکھتی ہیں کہ آج کل اساطیر و صحایف کے اسلوب کو برتنے کا میلان عام ہو چلا ہے۔ 'عہد نامۂ اِمروز' اور 'رسولِ کاذب' اس اسلوب میں ہی کامیاب نہیں، بلکہ میرے خیال میں اس مجموعے کی چند کامیاب ترین نظموں میں سے ہیں ـــــ اسی اسلوب کی توسیع دیو مالا کو بُنیاد بنا کر لکھی جانے والی نظموں میں ملتی ہے۔ "یکشس نگری" جو تین حصّوں پر مشتمل ہے، ہمارے عہد کی اُلجھنوں، پیچیدگیوں، ہوسِ زر، مشینیت اور مسخِ انسانیت (Dehumanisation) کی داستان ہے۔ کردار ہندو دیومالا

کے ہیں، مگر دراصل یہ علایم کا کام کرتے ہیں، جنھیں شاعر نے جدید عصر کی معنویت دے کر اساطیر و صحایف کو جدید ادب میں برتنے کے امکانات کی فنکارانہ مثال پیش کی ہے۔ یہ نظم خصوصیت سے اس لیئے بھی توجہ کی مستحق ہے کہ ہماری زبان میں طویل نظموں کے تجربے کی روایت کچھ بہت زیادہ مالا مال نہیں اور عموماً ہمارے قارئین ہی نہیں بلکہ ناقدین بھی نسبتاً طویل نظموں سے قطع نظر کرتے ہیں، کیونکہ ہمارے یہاں کسی فن پارے پر دیر تک توجہ کرنے کی عادت کمیاب ہے۔ کچھ غزل کے مزاج کا اثر ہے، کچھ سہل پسندی اور کچھ مختصر نظموں کے نئے فیشن کا کہ ہم ایسے تجربوں سے دور بھاگتے ہیں جو زیادہ ریاض کے طلب گار ہوتے ہیں۔

"آئینہ در آئینہ" ایسا مجموعہ ہے جس میں ارباب ذوق نظر آج کی اُس آواز کے مختلف چہرے اور خط و خال دیکھ سکتے ہیں جو شاعر کے انفرادی تجربات کا وسیلۂ اظہار ہوتے ہوئے بھی معاصر زندگی کی بے معنویت اور اس بے معنویت میں نئی معنویت کی تلاش کے عمل سے عبارت ہے۔ یہ شاعری فیشن زدہ اور فارمولا گزیدہ نہیں۔ اس مجموعے میں سطحی عشقی تجربات کا اُبال ہے اور نہ بندھے ٹکے موضوعات کو مروجہ لہجے اور محاورے میں اَدا کرنے کا میلان ملتا ہے۔ شاعر نے تراش و خراش اور لفظوں کی ریزہ کاری کو اپنا مطمح نظر نہیں بنایا ہے بلکہ لفظوں کے پیچھے عمل فرما معانی کی رُوح تک پہونچنے کی کوشش کی ہے۔ اِس مجموعے کا خالق زندگی کے فن کارانہ اظہار کو شاعری سمجھتا ہے۔ شاعرانہ وضع سے زندگی گذارنے کو شاعری نہیں سمجھتا۔ اسی لیئے ان لفظوں میں آپ کو وہ تصنع زدہ شعریت نہیں ملے گی جو لفظوں کی چکا چوند سے پیدا ہوتی ہے بلکہ وہ شعریت ملے گی جو زندگی کے عام سادہ، کرب ناک، دُرشت اور کھُردرے تجربات کو تخلیق کے عمل سے گُزار کر کائنات کو نئی ترتیب دینے کی خواہش سے پیدا ہوتی ہے۔ قیسی کی آواز کا وہ سادہ اور کھُردرا چہرہ جو ۱۹۸۱ء میں سامنے آیا تھا، بیس برس

کے ریاض سے نکھر کر شعر بن چکا ہے۔

آئینہ در آئینہ ـــــ قیسی کی شاعری کا ابتدائیہ ہے ـــــ اُن کا فنّی ریاض، زبان کی مزاج دانی، فکر و نظر کی وُسعت اور تجربے کی گہرائی اُمید دِلاتی ہے کہ اگر وہ شاعری پر اور زیادہ سنجیدگی اور خلوص سے توجہ کریں تو ایسے کئی مجموعے اُردو شاعری کو دے سکتے ہیں ـــــ اِس مجموعے کو دیکھ کر یہ یقین ہوتا ہے کہ روایت زدگی اور فیشن گزیدگی کے اِس دَور میں بھی ایسے شاعر موجود ہیں جو لیبلوں اور فارمولوں میں نہیں بلکہ اپنے وجود کے تجربے کی زبان میں سوچتے اور اپنی انفرادیت کا احترام کرتے ہیں۔

وحید اختر

۹ مارچ ۷۱ء

شعبۂ فلسفہ
مسلم یونیورسٹی
علی گڑھ

★

آنکھ ہو تو آئینہ خانہ ہے دہر
منہ نظر آتے ہیں دیواروں کے بیچ

— میر —

عزیز قیسی

★

مَیں تم سے کہنے آیا ہوں
انساں لافانی ہے، اَمر ہے
موت تغیّر کا ایک پَل ہے

## مَیں !

مَیں جیتا ہُوں آئینوں میں
آئینے غم خانے ہیں
میرا عکس بنا لیتے ہیں اپنی اپنی مرضی سے
مَیں جیتا ہوں کچھ سینوں میں
سینے آئینہ خانے ہیں
میرا نقش بنا لیتے ہیں اپنی اپنی مرضی سے
مَیں جیتا ہُوں مٹّی پر
مٹّی جس سے گھر بنتے ہیں
جس سے قبریں بنتی ہیں
جس کا ذرّہ ذرّہ اَوروں کا ہے
اُن کا ــــ جن میں مَیں ہُوں
جو مجھ میں ہیں

## آئینہ در آئینہ ـــــ ۲۸

عکس کہا کرتے ہیں ـــــ "دیکھو تم ایسے ہو"
نقش کہا کرتے ہیں ـــــ "ایسے بن سکتے ہو"
ذرّے کہتے ہیں ـــــ "تم ایسے بن جاؤ گے"

تم بتلا سکتے ہو آخر مَیں کیا ہُوں ؟
تم کیا بتلاؤ گے ؟
تم خود آئینہ خانہ ہو
غم خانہ ہو
گھر ہو
قبر ہو
تم خود "مَیں" ہو !

۱۹۶۷ء

# صدائے گنبدِ بے روزن و در

کیسی آواز ہے؟
کوئی کہتا ہے
"یہ دشتِ موجود و مشہود و موہوم ــــ بس
حدِ ادراک و احساس و آواز تک ہی نہیں
چشم و دِل کا یہ طائر جسے
سیرِ پرواز سمجھے ہو مجبور ہے
مُشتِ پر، سر بُریدہ و پابند ہی
اُس کا سرمایہ ہے، جس پہ مغرور ہے
تا بہ حدِّ خرد ــــ تا بہ حدِّ جنوں
جو بھی ہے ہیچ و بے مایہ ہے
کیا غرض اس سے،
یہ کیا ہے؟ کیسا ہے؟ کب سے ہے؟ کب تک رہے گا؟

اسے بھول جاؤ کہ تم خود حریفِ خداوندِ آفاق ہو
اِن سوالات میں خود تمہاری ہی توہین ہے
تم دلِ عرش آثار کا آئینہ لے کے آئے ہو
جس میں کئی رنگ کی
تیز رَو، سُست رَو، شوخ، مدھم، سجل، مُستقل، مُتّصِل
مُنتشر، مُنفعِل، مُنقسِم، سادہ و پیچیدہ، مُبہم، گران و سُبک
نیک و منحوس
موجود و مشہود و موہوم پرچھائیاں
یُوں گزرتی ہیں
جیسے کوئی،
دھیرے دھیرے سے پلکوں کو چُھوتا رہے خواب میں" ـــــــ

کون ہے؟! کون ہے؟!
ماوَرائے خِرد
ماوَرائے جُنوں
ماوَرائے نظر
ماوَرائے نفس

## آئینہ در آئینہ ــــ ۳۱

مُنتظر، مُضطرب،
اپنی صُورت دکھانے کو بے چین ہے
کیسی آواز ہے جو ازل سے تعاقب میں ہے
میرے لہجے کا ایمان اس کے تناظر میں ہے
یہ کہیں میری آواز ہی تو نہیں
مَیں مجھی کو صدا دے رہا ہوں ــــ بڑی دیر سے
بڑی دُور سے
مَیں ہی اپنا حریفِ اَزل
مَیں ہی اپنا حریفِ اَبد
مجھ کو میرا پتہ دو ــــ کہ مَیں
اپنی آواز کی گُونج ہُوں !

# مآلِ کار

آس کے یاس کے،
جہد کے عیش کے،
آئینے دیکھ کر تھک گئے

کیا کریں
اِس تسلّی پہ ہم لوگ برباد ہیں
یہ زمیں ھــم سے پہلے بھی آباد تھی !

▲

## ورائے سرحدِ دل

جُنوں کوچہ گرد و خرد رہ گزیدہ
کنارِ دل و جیب و داماں دریدہ
سفر بے تمنا۔ سکوں نارسیدہ
وہ اِک منزلِ آخری، اوّلیں تھی
کہ جس سرحدِ جستجو پر پہونچ کر
مسافر کی قسمت میں منزل نہیں تھی

# با قیست شبِ فتنہ

شورے شد و از خواب عدم چشم کشودیم
دیدیم کہ باقیست شبِ فتنہ غنودیم
(سرمد)

اندھیرے میں چلا ہے کاروانِ بے جرس کوئی
بلند و پست کوئی ہے نہ اس کا پیش و پس کوئی
فقط آوازِ پائے رہرواں ہے ہم سفر اپنی
شریکِ کارواں کتنے ہیں، کتنے ہم سفر ہیں، کون رہبر، کون رہزن ہے
کہاں پر کون ہے، کس کُنج میں کس کا بسیرا ہے
خدا جانے ـــــ یہاں تو بس اندھیرا ہی اندھیرا ہے

کچھ آوازیں ہیں
آوازوں کے دیکھو جسم بھی ہیں، پیرہن بھی ہیں

اِنھیں میں تم بھی ہو، مَیں بھی

مَیں کیا ہُوں؟ تم مری آواز کا چہرہ بنا کر دیکھ لو

یہی مَیں کر رہا ہوں، سب یہی کرتے ہیں'

یہ کیسے بتاؤں چل رہا ہُوں کب سے

میری اِبتدا ظُلمت ہے' تم چاہو تو اس کو اِنتہا کہہ لو

تعیُّن سمت کا کیسے ہو کیا تعدیدِ ساعت ہو

اب ایسے میں بتاؤ کیسے تحدیدِ مسافت ہو

چلو چلتے رہو

کوئی آواز کیوں آتی نہیں

مُردوں پہ شاید چل رہے ہیں ہم

یہاں رُکنے سے پہلے سوچ لو'

کچھ آہٹیں پیچھے بھی ہیں' اپنے

وہ ہم کو رَوند جائیں گی

چلو ـــــ چلتے رہو

کوئی ٹانکا کہیں ٹوٹا ہے سنّاٹے کے ہونٹوں کا

یہ کوئی چیخ ہے ۔ جو کہیں پہ مر گیا کوئی
کسی اُفتادہ دِل پہ پاؤں شاید دھر گیا کوئی
چلو ـــ چلتے رہو

کوئی سُورج کسی کی آستیں سے پھر ہمیں آواز دیتا ہے
اور اس آواز سے حدِّ نظر تک روشنی سی ہے
کوئی سورج کوئی مشعل
کوئی جگنو ، کوئی تارا
کوئی آواز ، کوئی چیخ
کچھ بھی ہو، سبھی مرتے ہیں
لیکن مرتے مرتے، روشنی کی گُونج بن جاتے ہیں
آؤ ـــ گُونج سے جھڑتے شراروں کو سمیٹیں
اُن کے ریشم سے مُلائم تیر سینوں میں چھپالیں
زخم کرلیں دِل کو
اور پھر ـــ زخم سے گُل ، گُل سے نغموں کی لویں مانگیں
پھر ان کو جب تلک چلنا ہے کوئی نام دے لیں
خواب کہہ لیں یا حقیقت'
یہ سفر ہے اور اندھیرا مستقل ہے

## آئینہ در آئینہ ——— ۳۷

اپنی آوازوں کو اپنا ہم سفر کرلیں
چلو ـــ چلتے رہو

وہ رہرو سانس جس کی چھُو رہی ہے میری آہٹ کو
نہیں، وہ تم نہیں ہو
میری پرچھائیں ہے
تم بھی اپنی پرچھائیں کوئی تخلیق کرلو
کارواں تم بھی ہو، اور مَیں بھی

ہم اپنی اپنی ظلمت، اپنی اپنی روشنی خود ہیں
لُٹے جتنا کوئی اُس کے لئے اتنا اندھیرا ہے!

▲ ۶۶ء

آئینہ در آئینہ ـــــ ۳۸

## تلازم

تعلق مجھ میں تم میں کیا ہے
تم مانو نہ مانو
تم اسے ٹھکراؤ یا جھٹلاؤ لیکن یہ حقیقت ہے
تمہیں میری ضرورت ہے
بہت خوش دید ہیں آنکھیں تمہاری'
خوش نظر بھی ہیں
مگر کیا اپنی آنکھوں سے
کبھی تم اپنی آنکھیں دیکھ سکتی ہو؟

▲ ۶۶ء

# دشتِ ہُو

کوئی اُمید نہ کچھ یاس ۔ کیسا عالم ہے
نہ خار و خس ہے نہ سبزہ ۔ یہ کیسا موسم ہے
نہ وقت کا ہے کوئی نام
صُبح ہے نہ یہ شام
کہو تداُگل فصلیں اسے سدا کی طرح
کہ فصلِ خاتمِ گیتی کہو ۔ کہو کچھ بھی
یہ حبس ٹوٹے نہ ٹوٹے، یقین ہے لیکن
گھٹو سے رشتۂ جاں اپنا ٹوٹ جائے گا! ▲ ۷۰ء

آئینہ در آئینہ ـــــ ۴۰

# انا !

اِک نگارِ تنہائی
انجمن سے نالاں بھی، انجمن طلب بھی ہے
ایک وہمِ یکتائی
زندگی کا ساماں بھی، موت کا سبب بھی ہے
اِک جنونِ دارائی
خود رقیب ہے اپنا خود حریفِ یزداں ہے
خواب ہے تو ایقاں ہے، وہم ہے تو ایماں ہے

اِک حصارِ آئینہ،
سنگ زن کی زد میں ہے !
ایک بیکراں قلزم،
آب جو کی حد میں ہے !
اِک فنا کا زندانی،
حسرتِ ابد میں ہے ! ▲ ۶۳ء

# دادگر

میں جانتا ہوں کہ آنسو فنا کا لمحہ ہے
اُسے تری نگہ جاوداں سے ربط نہیں
میں جانتا ہوں کہ تو بھی شکارِ دوراں ہے
متاعِ جاں کے سوا اس قمار خانے میں
ہر ایک نقدِ نفس ہار کر پشیماں ہے

مگر یہ ربط ہے کیسا، یہ کیا تعلق ہے
کہ جب بھی ہار کے اُٹھا جہاں کی محفل سے
اُمنگ ہنس کے کلیجے پہ چوٹ کھانے کی
ہجومِ دشنہ و خنجر میں مسکرانے کی
اُمنگ داؤ پہ جانِ حزیں لگانے کی
نہ جانے کیوں مرے دل میں خیال آیا ہے
کہ جا کے تجھ سے شکایت کروں زمانے کی!

# اَزل ـ اَبد

اپنا تو اَبد ہے کُنجِ مرقد
جب جِسم سُپردِ خاک ہو جائے
مرقد بھی نہیں وہ آخری سانس
جب قِصّۂ زیست پاک ہو جائے
وہ سانس نہیں، شکستِ اُمید
جب دامنِ دل ہی چاک ہو جائے
اُمّید نہیں، بس ایک لمحہ
جو آتشِ غم سے خاک ہو جائے
ہستی کی اَبد گہ قضا میں
کچھ فرق نہیں فَنا بَقا میں
خاکسترِ خواب ، شعلۂ خواب
یہ اپنا ازل ہے وہ اَبد ہے

آئینہ در آئینہ ـــــــ ۴۳

وہ شعلہ تو کب کا مرچکا ہے
یہ جِسم اِک نعش بے لَحد ہے
مرتی ہے حیات لمحہ لمحہ
ہر سانس اِک زندگی کی حَد ہے

رُوحوں کو دوام دینے والو!
جسموں کی سبیل کچھ نکالو،
شعلہ کوئی مُستعار دے دو،
یا لاش کو اب مزار دے دو!

▲

۶۷ء

# چاندنی کے شہر میں

آج پھر خستگیِ دامنِ چاک کی
اپنے سر کتنے اِلزام لے آئی ہے
میری آشفتگی میری وحشت سَری
چاکِ داماں پہ دشنام لے آئی ہے
تیرگی چشمِ نمناک کی آج پھر
زردیٔ حسرتِ شام لے آئی ہے
یہ شبِ ماہ میرا وطن ہے جہاں
خامشی پھر وہ پیغام لے آئی ہے
جس کو سُن کر کئی گُم کردہ کارواں
پاچکا تھا تمنائے دِل کا نشاں

دُور تک موتیا کی مہک رقص میں
شب کے جُوڑے کا گجرا بکھر سا گیا
دامنِ سبزہ پھُولوں کی اِک کہکشاں
ذرّہ ذرّہ تجلّی سے نکھر سا گیا
غم میں ڈُوبا اُفق وصل کے کیف میں
سونے چاندی کی لَو سے نکھر سا گیا
بعدِ مُدّت فضا کا یہ قصرِ حسیں
جشن کی آس میں پھر سنور سا گیا
چاند اِک نغمۂ پُر اثر کی طرح
محفلِ آسماں میں اُبھر سا گیا
درد ٹھنڈے اُجالے میں لپٹا ہُوا
دِل کی پہنائیوں میں اُتر سا گیا
ذرّے خورشید ہیں چرخِ انوار کے
مونس و آشنا ہیں غمِ یار کے

بے کراں چاندنی بے ردا چاندنی
دَورِ تجدیدِ غم کا جہاں بن گئی

لمحہ لمحہ اُفق سے برستی ہوئی
اِک برستی ہوئی کہکشاں بن گئی
ایسے پھیلی فضا کے شبستان میں
نکہتِ گیسوئے دِلبراں بن گئی
اتنی گمبھیر اتنی سُبک اور سُجل
جیسے تنہائی کی راز داں بن گئی
جیسے اسرار آگاہ سی اِک نظر
جیسے خاموشیوں کی زباں بن گئی
تازہ ہوتا ہوا خواب بننے لگی
یاد آتی ہوئی داستاں بن گئی
ہم سفر جیسے بچھڑے ہوئے راہ کے
پھر کسی موڑ پہ دفعتہً مل گئے

کیسے سمجھاؤں کہ اِس سمن زار میں
ان کہے بول سُنتا ہوں لمحات کے
خامشی کی پرت ٹوٹتی ہی نہیں
سِل گئے ہونٹ شوریدہ جذبات کے

سازِ دل کے سلگتے ہوئے تار میں
کتنے دامن اُلجھتے ہیں نغمات کے
اَن سُنی دُور و نزدیک کی شورشیں
راز کھُلنے لگے سوچتی رات کے
یاد کے چل پڑے کارواں ذہن میں
حادثے ہو رہے ہیں جواں ذہن میں

پھر گئیں مرگِ جذبات کی ساعتیں
آنکھ میں ہیں جنازے سے اُٹھتے ہوئے
ہم سفر ہاتھ پیوستہ باہم دِگر
وقت کی تیرہ راہوں میں چھُٹتے ہوئے
ہجر کی ساعتیں شور کرتی ہوئی
وصل کے وَلولے دِل میں گھُٹتے ہوئے
عارضوں کے کنول جھلملاتے ہوئے
آنسوؤں کے دِیئے ٹمٹماتے ہوئے

اے حسیں چاندنی اے مری ہم سفر
کس کو بتلاؤں جا کر یہ داغِ جگر
کس سے پوچھوں کہ کیوں اتنی پابند ہے
اس جہاں میں محبت کی اِک اِک نظر
باندھ کر عمر بھر رشتہ ہائے وفا
چھوٹ جاتے ہیں کیوں راہ کے ہم سفر
کس لیئے کر کے، صد وعدۂ انگبیں
زہر دیتے ہیں اکثر جہاں کے مکیں

اے مری داد گر، اے مری ہم زباں
اے مری ہم نفس، اے مری ہم نشیں
کم سخن چاندنی، ہم وطن چاندنی
میں تری رہ گزر کا مسافر نہیں
گرچہ میں آج اِک اجنبی ہی سہی
میں ترے شہر کا ہوں پرانا مکیں
کتنی راتیں گزاریں ترے دیس میں
تیرے پہلو کے نزدیک دِل کے قریں

ایک مدّت ہوئی ساتھ روئے ہوئے
تیرے گیسو میں موتی پروئے ہوئے

مدّتوں بعد لوٹا ہوں اس شہر میں
اک متاعِ وفا دولتِ غم لیئے
اہلِ دنیا کے ساگر سے تشنہ دہن
خشک ہونٹوں پہ انعامِ شبنم لیئے
تجربہ زخم کی طرح ہنستا ہوا
یاد ہم رُتبۂ دیدۂ نم لیئے
بزم کی طرح لوٹا ہوا ایک دل
وقت کی طرح تقدیر برہم ملے
مدّتوں بعد پھر تجھ سے ہے سامنا
اک تبسّم کی قیمت میں ماتم لیئے

اتنے غم لے کے آیا ہوں پردیس سے
زخم ہنستے ہیں ناسُور کی ٹیس سے

آج واقف ہُوا دِل کہ ہر اِک نفس
اِک تبسم سے ہے، اشکوں سے دھویا ہُوا
ایک نغمے کی قیمت سرِ بزمِ غم
ایک سُر ہچکیوں میں سمویا ہوا
مول اُمید کا دِل کو معلوم ہے
دِل کہ ہے ہر تمنّا پہ رویا ہوا
آج اپنے صِلے پر پشیماں نہیں
اپنی ویرانیوں سے پریشاں نہیں

دِل کو باوصفِ صد حسرتِ سرخوشی
عظمت و شانِ اسکندری بل گئی

یوں بہ عنوانِ فن جبر حالات میں
میری آواز کو سرکشی مل گئی
ذہن کو موڑ پر جہل و ادراک کے
بے بدل دولتِ آگہی مل گئی
پا بہ زنجیر افلاس کے دَور میں
وہ تو اچھا ہُوا خود سَری مل گئی
ورنہ یہ دَرد کچھ اِس قدر کم نہ تھا
زندہ رہنے کے قابل تو یہ غم نہ تھا!

▲

## درد کے حیلے، غم کے بہانے

تیرے دیس میں جانے کیا ہو
رُت کیسی ہو کیسی ہَوا ہو
لیکن میرے دیس میں اب کے
اَبر بہت کُھل کر برسا ہے
بستی، پربت، شہر، بیاباں
ویرانے، میخانے، گلیاں
ہر پیراہن بھیگ چکا ہے

راتیں کتنی بار نہ جانے
جام لیئے آئی ھیں، لیکن
جام نے تیری بات نہیں کی
رات نے تیرا غم نہ جگایا
پلکوں پر اِک بُوند نہ آئی

پہلا پہلا اَبر بھی اب کے
تیرے گیسُو بھُول گیا تھا
پہلی پہلی سرد ہَوا سے
میرا دامن جَل نہ سکا تھا

سُورج نے شب کی چوکھٹ سے
تیرے رُخساروں کی ضیا کو
جانے کیوں آواز نہیں دی
کِس دُھن میں تھا چاند، نہ جانے
تیرا ماتھا یاد نہ آیا

آبادی کو تیری آنکھیں
ویرانوں کو تیرا تبسّم
اب کے کچھ بھی یاد نہیں ہے

آئینہ در آئینہ ـــــــ ۵۴

مَیں کچھ اِتنا خوش تو نہیں تھا
کیا جانے اب کے برکھا رُت
کیوں اِتنی انجان گئی ہے

سوچ رہا ہوں، شاید دِل کو
اور بھی کچھ جینے کے بہانے
دَردِ جہاں نے بخش دیئے ہیں
اور مَیں اس آباد جہاں میں
تیرا چہرہ بھُول گیا ہوں!

۵۶ء

# شبِ غم

بے خواب جنوں اثر شبِ غم
تو میرے لیئے نئی نہیں ہے

اِس عمر کی مختصر کہانی
سو بار تجھے، ترے ستم کو
عنوانِ نفس بنا چکی ہے

اِس راہ میں تو نہیں اکیلی
اِک عمر سے وقت کا تسلسل
سو روپ ترے دِکھا چکا ہے
بے خوابیٔ چشم و دِل کا محشر
سو مرتبہ آزما چکا ہے

بے خواب جنوں اثر شبِ غم
تو میرے لئے نئی نہیں ہے

محفوظ ہیں ذہن میں وہ راتیں
ہر رنگ میں جو گزار دی ہیں

راتیں ۔ کہ ہیں کیفِ مستقل بھی
راتیں ۔ کہ ہیں بارِ چشم و دل بھی
راتیں ۔ جو گزر گئیں تو سورج
راتیں ۔ جو گزار دیں تو شبنم
سینے میں تڑپ گئیں تو نغمہ
ہونٹوں پہ لرز گئیں تو ماتم

بہکیں تو گناہِ رسمِ دوراں
لپکیں تو ثوابِ شرعِ موسم

آئینہ در آئینہ ——— ۵۸

مہکیں تو جنوں نواز گیسو
بکھریں تو خود فروز خوشبو
سینے میں سما گئیں تو حسرت
پلکوں پہ ابھر گئیں تو آنسو

بے خواب جنوں اثر شبِ غم
تو میرے لیئے نئی نہیں ہے!

▲ ۶۵۶

## مِصر

آخرِ شب بڑی گمبھیر تھی شب کی ظُلمت
یہ گُماں تھا کہ یہ بے تاب نفس ٹُوٹے گا
دَرد نَس نَس میں بَدن چُور لُہو میں ڈُوبا
تھا جو خنجر مری شہ رگ میں وہ پیوست رہا
ایک اِک قطرہ لُہو شبنمِ گُل تھا شاید
جان آئی تنِ بسمل میں جو سُورج نِکلا
اور زنجیر میں جکڑے ہوئے، بیلے ہوئے ہاتھ
ایسے تڑپے کہ گِرا خنجرِ بیداد، مگر
شور ہے جاں کسی گھائل کی بچی، کیا ہوگا
میرے جی اُٹھنے سے قاتِل پہ گُمانِ خُوں ہے
صُبحِ مشرق کے لبوں پر ہے تبسُّم جیسے
اب یہ چہرے نہ چُھپیں گے مِری غم خواری سے!

۵۶ء

# نالۂ بے آسماں*

مَیں کیسے بتاؤں، تم بتاؤ
کِس طرح یہ دِن گُزر رہے ہیں
توہین، حقارتیں، تنفّر،
کِس کِس سے نباہ کر رہا ہُوں

یُوں فیضِ خرد سے بہرہ ور ہُوں
ہر ایک فریبِ وہم تج کے
اِس رات یہ سوچنے لگا ہوں
مَیں معتقدِ پناہ ہوتا
اِتنا تو نہ رُوسیاہ ہوتا

## آئینہ در آئینہ ـــــــــــ ۶۰

شکر اور شکایتیں، دُعائیں
میرے لیئے کوئی آستانہ
تاثیر وہ نغاں نہیں ہے
جُز جبرِ نفس یہ زندگانی
تم کو تو خبر ہے کچھ نہیں ہے

ہر رشتہ، جہاں کا اِفترا ہے
ہر جھوٹ یہاں کا حق نُما ہے
تم کو تو خبر ہے اِس جہاں میں
دِل کا کوئی آشنا نہیں ہے
دِل کا کوئی آسرا نہیں ہے
اِک تم تھے سو تم بھی چھُپ گئے ہو
اب میرا کوئی خُدا نہیں ہے!

۵۶ھ ء

## دہائی:

فضا اُداس، ہوا چُپ، شب سیاہ غمیں
ستارے چرخ کی پلکوں پہ تھرتھراتے ہیں
اِک ایک سانس کو جیسے ترس گئی ہے زمیں
دلِ فسردہ تری زندگی کی آس نہیں

ذرا سنبھال کے، ناموسِ درد کا دامن
کہیں پلک پہ ہے شعلوں کے جاگنے کا گماں
شرارہ کوش ہے مُدت سے غم کا پیراہن
بہت عزیز ہے آنکھوں کو آنسوؤں کی جلن

اُٹھاؤں جام تو بادل برس بھی سکتے ہیں
شراب مست گھٹا پر حرام کیا ہوگی
کسے بتاؤں کہ یہ رات عام کیا ہوگی
اب ایسے حال میں توفیقِ جام کیا ہوگی

پُکارتی ہے فضا زخم زخم ہونٹوں سے
صبائے زُلفِ پریشاں تری دُہائی ہے
شرابِ دیدۂ خوباں تری دُہائی ہے
مسیحِ پہلوئے جاناں تری دُہائی ہے!

۱۹۵۷ء

عزیز قیسی



# مُکتی

سوچتی رات کے دروازے میں
ایک دِن روک کے مجھ کو، مِرے سائے نے کہا
ـــــ "تُو نے جس بُت کو تراشا ہے
سنوارا ہے، جسے جِسم دیا،
جان عطا کی تُو نے، جس میں
آنکھیں ہیں تری، تو اسی
بُت کے لئے سانس بھی لیتا ہے
وہی بُت ہے، ترا نام
ترا جسم وجود،
وہ نہیں ہے تو نہیں ہے تُو بھی
آج تُو اپنی ہی تخلیق کا زندانی ہے"۔
ایک دِن تیشۂ تکفیر لیئے
مَیں نے تنصیب سے تجسیم تک
اَسمات سے آفاق تک
ایمان سے اَوہام تک،
آذر کدۂ جاں کا وہ بُت ـــــ توڑ دیا
کیا ہوا ؟؟

## آئینہ در آئینہ ــــــ ۶۴

صورت و صوت و صدا کچھ بھی نہیں
بجز احساسِ خلا کچھ بھی نہیں
ایک تعدیم کی ظلمت کے سوا کچھ بھی نہیں

مَیں نے سائے سے کہا:
"میرے قدموں میں مرے ٹوٹے ہوئے بُت کا
کہیں ملبہ ہے، اُس میں گم ہیں مری آنکھیں
وہ مجھے ڈھونڈ کے دے دے"
لیکن!
کوئی سناٹا یہ کہتا تھا:
"یہاں، کوئی ملبہ بھی نہیں ہے
ترا سایہ بھی نہیں ــــــ تُو بھی نہیں"

یہی مکتی ہے تو جینے کی سزا کیا ہوگی!؟

▲ ۶۷ء

# چیخ کی شمع

بھٹکتے ہوئے رہ نوردانِ صحرا سے مَیں نے سُنا ہے
کہ جب بانس کی کونپلیں پھوٹتی ہیں
تو اِک چیخ اُٹھتی ہے، کوئی مسافر
اگر زد میں آئے، تو سینے میں
اِک تیر کی طرح دھنستی ہے ہر نرم کونپل

کہیں ـ دشت تاریک میں اس زمیں کے
کبھی یُوں بھی ہو، کاش !
کوئی نئی آس کی نرم کونپل اُبھر جائے
چاہے کسی بے خبر راہ رَو کا جگر چیر دے
اور تاریک سایوں کے گورِ غریباں کی اس خامشی میں
کوئی چیخ کی شمع پَل بھر جلادے ! ۱۹۶۳ء

آئینہ در آئینہ ——— ۶۶

# ایک منظر، ایک عالم

دِن ڈھلے
مندروں کے کلس، مسجدوں کے منارے، گھروں کی چھتیں
سونے چاندی کے پانی سے دُھلنے لگے
قُلۂ کوہ سے چشمِ نظّارہ، لیکن بڑی دُور تک
پگھلے سونے کی چادر کے نیچے تڑپتا ہوا
گہری ظُلمت کا اِک بحرِ ذخّار بھی
دیکھتی رہ گئی —
کیسا منظر ہے یہ!
بس ابھی عُمر کے ڈھلتے سورج کی دُنیا نہیں
پھر بھی میرے سُنہرے روپہرے، تبسّم کے نیچے کہیں
آنسوؤں کا سمندر نہ بے چین ہو
نیچے آؤ ذرا رفعتِ بام سے
اور دیکھو کبھی —
کیسا عالم ہے یہ!

عزیز قیسی



# زہریلے پانیوں میں

تم کبھی مل سکو گی مجھے؟
ایک مُدّت ہوئی ہم کو بچھڑے ہوئے' ہر برس کے مہینے
مہینوں کے دِن رات' دِن رات کی ساعتیں اور لمحات
یہ رائیگاں عُمر [ ہم تم اسے رائیگاں کیوں کہیں'
یہ ہماری جدائی کا اک عہد ہے ] یہ کنارا سمندر ہے
جو مَر رہا ہے [ مگر موت اس کا کنارہ ہے اور اس
کنارے سے پہلے ] کہیں تم سے گر سامنا ہو گیا'
تو یہ سوچتا ہوں' تمہیں کیا کہوں گا —— کہ اس
بے کراں عُمر سے' مَیں نے گنتی کے لمحات تم کو دیئے
اور یہ عُمرِ دَفا۔ بے حقیقت جزیرہ ہے —— لیکن
کبھی کوئی دَرد آشنا جب اِدھر سے گزرتا ہے'
کہتا ہے: "دیکھو جزیرہ کوئی!
یہ سمندر کے دِل کا کہیں کینسر تو نہیں؟" ۶۷ء

عزیز قیسی



# فصلِ رائگاں

ہر برس اِن دنوں، میں کہیں بھی رہوں
سِلسلے اَبر کے
سُست رَو، تیز رَو قافلے اَبر کے
یُونہی آتے ہیں قُلزم لُٹاتے ہوئے
یُونہی جاتے ہیں یہ ان کا دستُور ہے
لیکن اب کے برس
مَیں اکیلا سرِ دشت، تشنہ، کھڑا
ان کو رہ رہ کے آواز دیتا رہا
"مجھ کو بھی ساتھ لیتے چلو،
قافلہ چھُٹ گیا ہے مِرا"

سلسلے اَبر کے
قافلے اَبر کے
یُونہی آتے رہے
یُونہی جاتے رہے
کب سے آنکھوں کو حسرت ہے برسات کی! ▲ ۸۵ء

# نئے لوگ !

وہ اب کے آئے تو سچ اُن کے ساتھ تھا لیکن
عجیب طرح کا بے وَرد سچ تھا۔
کہتے تھے : "تمہارا جھوٹ ہے ننگا، یہی تو اک سچ ہے"
ہم اُن سے کہہ نہ سکے
ہمارے اِذن پہ جو قصر و بام اُگاتا تھا
وہ جن ہمیں میں تھا، وہ مرچکا ہے، ہم لیکن
جئیں تو کیسے جئیں
اور مریں تو کیسے مریں
کہ تن برہنہ پڑے ہیں،
نہ جانے کون سا ہے دشت، سمت ہے نہ اُفق
بس ایک منظرِ بے رنگ و صوت ہے اس کو
خلا کہیں کہ عدم

وہ ہم سے صدیوں پرانا چراغ چھین گئے
"نئے چراغ پرانے چراغ کے بدلے"
وہ کاش اب کے بھی ایسا فریب دے جاتے ! ▲ ۔ ۷۔ ۸

# آخری جنم

شربت، امرت، یا گنگا جل
مے ہو یا ہو زہرِ ہلاہل
اپنا اپنا ظرف تو سب کو
بھر لینا ہے، بھر لیتے ہیں
سب سمجھوتہ کر لیتے ہیں

چاہو نہ چاہو، لیکن دِل کی
شمع تو جلتی ہی رہتی ہے
ہر دَم جانے اَن جانے میں
نبض تو چلتی ہی رہتی ہے

سازِ نفس آہنگ نما ہے
بزمِ جہاں نیرنگ نما ہے

آئینہ در آئینہ ـــــ ۱۸

تم اب جو بھی چاہو کہہ لو
تم سے زیادہ یاد ہے مجھ کو
مَیں نے کبھی تم کو چاہا تھا
ایسے، کہ بس ایک دُعا تھی
ایک تمہاری ہی چاہت میں
یہ جینا سو بار اگر مَیں
پاؤں تو سو بار لُٹا دُوں
تم چاہو تو اِس حسرت کو
پھر دُہرا دُوں ـــــ
اب بھی یہی دُعا ہے لیکن
وہ اخلاص نہیں ہے دِل میں
یہ ایمان نہیں سینے کا

دل اب اس ایمان پہ خوش ہے
جیسے بھی ہو، جب تک بھی ہو
مرتے جیتے ایک دفعہ بس
جی لینا ہے ـــــ لوحِ جہاں پر
حرفِ مکرّر، کوئی نہیں ہے!

۱۹۶۱ء

# غزالہ

اِک دُخترِ دشتِ خُتن
جو دشتِ غم میں آہُوئے صیّاد دیدہ بھی نہ تھی
بُوئے رمیدہ بھی نہ تھی
واقف نہ تھی، صیّاد کیا ہے صَید کیا
دَام کیا ہے قید کیا
رنگِ پریدہ بھی نہ تھی
دَشتِ خُتن میں دُور تک،
خود اپنی خوشبُو سے پریشاں، چشمِ وحشی میں لیئے
اندیشۂ موہوم کی پرچھائیاں
اپنی اُڑائی دُھول کو اپنا شکاری مان کر
خود اپنا ہی نقشِ قدم، نقشِ تعاقب جان کر

بھرتی طرارے ہانپتی
رُکتی، ٹھٹکتی، کانپتی
رَم خوردگی سے مُضمحل،
خود جاگیری، اِک نشتروں کی کھائی میں
اور مرتے مرتے وشتِ غم مہکا گئی

وہ ایک سڑتی لاش ہے،
اِتنا تعفّن ہے کہ اب کوئی کمینہ صید گر بھی پاس آسکتا نہیں
اور آخری کرگس کسی سوکھی ہوئی شاخِ شجر سے اُڑ گیا
"وہ دیر سے کھڑکی میں بیٹھی ہے اُدھر ـــــ سالی میں اب کچھ دَم نہیں ـــــ
آگے چلو" ـــــ

# قُقنُس
(PHOENIX)

اے مُرغِ آتش زن ٹھہر، ہم بھی ترے ہمزاد ہیں
ہم بھی یہاں آباد ہیں، ہم بھی یہاں برباد ہیں
ہم کو بھی اِس دشتِ بلا میں ہو گئے کتنے قرن
ہم بھی رہے ہیں نغمہ گر، ہم بھی رہے ہیں نالہ زن
صدیوں سے اپنے راگ سب
ہوتے ہیں صرفِ روز و شب
لیکن یہاں روئیدگی تو اِک طرف،
روئیدگی کی آس بھی زندہ نہیں
بے سُود ہے شغلِ نوا
تیار کرلیں اب چِتا

## آئینہ در آئینہ ـــــ ۷۵

اب چھیڑ دیں اِک آخری وہ راگ جس کی آگ سے
سُلگے ہر اِک ذرّہ کا دِل
اے ہم نوا ، اے ہم نفس
اب پھونک دیں یہ خار و خَس
ریگ و سراب و سنگ کا یہ دشتِ بے آب و نمو
اب پھونک دیں،
اپنی لگائی آگ میں خود بھسم ہو جائیں ، کبھی ، جب
رُت پھرے ، ابر آئے اور چھینٹے پڑیں ، پہلے پہل
تپتی جُھلستی خاک پر ،
پھر جی اُٹھیں اپنی چِتا کی راکھ سے

ہم لوگ تو منّت کشِ خضر و مسیحا بھی نہیں !

۶۳ء

# مواخذہ

ہمارے ساتھ جو کچھ راہزن بھی ہیں ماخوذ
وہ اہلِ شہر کے کہنے سے چھوٹ جائیں گے
گواہِ کفر ہمیں میں ہے کون پہچانے
ہمیں تو ایک سے لگتے ہیں آج سب چہرے
ہمارا جرم تو روپوش بھی نہیں اب کے
کسی گواہ کی حاجت نہیں سزا کے لئے
دیارِ غم کی صدائے نہفتہ پہچانو
ہوائے جبر چراغِ نفس کے درپے ہے
یہ اور بات ہے خود کو چھپا رہا ہے مگر
ولیٔ شہر سنبھالے ہے تاج کانٹوں کا!
ہجوم بہرِ تماشہ کھڑا ہے گلیوں میں
یہ عصرِ خوں کی کفالت کا مدّعی ہے ابھی
صلیب ڈھونڈ رہی ہے کسی مسیح کو پھر،
یہی گھڑی ہے ہر الزام اپنے سر لے لو! ▲

۶۶ء

# اَنامُ

ہمارا خیر ہے کوئی نہ کوئی شر ہم سے
کوئی ہلاتا تھا ڈوری چھپا ہُوا تھا کہیں
[ کہاں چھپا تھا' وہ تھا کون' کس کو اس کی خبر'
کوئی بتاتا تھا کچھ نام' کوئی کچھ ہم کو ]
ہمارا کام تھا' ہر وقت ناچتے رہنا
کسی سے مِلنا' کسی سے کبھی جُدا ہونا
کبھی ہنسائے تو ہنسنا' رُلائے تو رونا
گُزرتی ہم پہ تھی آواز دوسرے کی مگر
بتاتی جاتی تھی کب ہم پہ کیا گُذرتی ہے
وہ ڈور کٹ گئی — اور عرصۂ تگاپو میں
لہُو میں اپنے نہائے پڑے ہیں مُدت سے
ہجُومِ راہ رَواں رَوند کے گُزرتا ہے

جو ہم پہ گُزرے سو گُزرے مگر یہ سوچتے ھیں
کہ ان خُداؤں کی ہو مغفرت تو کیسے ہو!؟ ▲

# بنام ابنِ آدم

اب تک تم سے کہا گیا ہے
انساں فانی موت اٹل ہے
جیون جل ہے
جس کی دھارا کبھی نہ ٹوٹے
جو آتا ہے مر جاتا ہے
جو آئے گا مر جائے گا

میں تم سے کہنے آیا ہوں
انساں لافانی ہے امر ہے
موت تغیر کا اک پل ہے
جیون جل ہے
جس کا کوئی انت نہیں ہے
رہ جائے تو یہ ساگر ہے
اور مر جائے تو بادل ہے! ▲ ٦١ء

آئینہ در آئینہ ــــ ۷۹

# باز پیمانِ وفا می سازم

اے دردِ زمیں معاف کرنا

میں عہدِ وفا سے پھر گیا تھا
دنیا کی نگاہ میں سمائے
خود اپنی نظر سے گر گیا تھا

اک لقمۂ نانِ تر کی خاطر
ہر جگنو کے ہم سفر سے چھوٹا
موہوم ہوس میں بال و پر کی
یارانِ شکستہ پر سے چھوٹا
اک شمع کی لو کی آرزو میں
میں قافلۂ سحر سے چھوٹا

یوں نرغۂ شب میں گھر گیا تھا
خود اپنی نظر سے گر گیا تھا
میں عہدِ وفا سے پھر گیا تھا
اے دردِ زمیں معاف کرنا

# عہد نامۂ امروز

اور جب ہم نے وعدہ کیا موسیٰ سے چالیس راتوں کا
پھر تم نے بچھڑے کو (معبود) بنالیا ۔ اور تم ظالم ہو
پھر ہم نے تم کو معاف کیا کہ شاید تم ہمارا شکر ادا کرو
اور پھر موسیٰ نے تم کو کتاب دی کہ تم ہدایت پاؤ
جب موسیٰ نے اپنی قوم سے کہا کہ ـــ اے قوم!
تو نے بچھڑے کو (اپنا معبود) بنا کر نقصان کیا
اب توبہ کرو اپنے پیدا کرنے والے کے حضور
اور اپنے نفس کو قتل کرو، تو یہ تمہارے خالق کے پاس بہتر ہے۔
اور پھر تم نے کہا کہ اے موسیٰ جب تک ہم اللہ کو نہ دیکھیں تیرا یقین نہیں کریں گے
اور پھر تم کو بجلی نے پکڑا ...

(پارۂ (۱) سورۂ بقر ۔ قرآن کریم)

... اور پھر یوں ہوا
دن کا اگلا پہر، سبز زیتون کی چھاؤں میں کاٹ کر
ابنِ آدم اُٹھا :
اپنے اِک ہاتھ میں سانپ اور دوسرے ہاتھ میں
اِک مولا لیئے،
عرش کی سمت جاتے ہوئے
مُڑ کے وادی کے لوگوں سے اُس نے کہا ـــــ

"مجھ پہ ایمان لاؤ، خدا مر چکا ہے
یہ افلاک و آفاق کا بار اب میرے شانوں پہ ہے
مہر و ماہ و کواکب سبھی میرے آیات ہیں"
اور وادی کے لوگوں میں کچھ لوگ دانا تھے ــــــ ایمان لے آئے
کچھ ــــــ کشمکش میں رہے
اور کتنے ہی ایسے بھی تھے ــــ جو خود اپنی خداؤں میں گم
ابنِ آدم کی آواز سے دُور تھے ـــ

ـــ اور پھر یُوں ہُوا ــــــ
چار آفاق سے اِک گھنا ابر اُٹھا
اور وادی پہ اِک سائباں کی طرح تن گیا
اور زمیں جیسے تپنے لگی
اور وادی کے سب لوگ گھبرا گئے
ایسی آوازیں جیسے سکرات میں سانس کی فصل کو
کاٹتا ہو کوئی

ابنِ آدم کو سب نے پکارا ـــ کہ
یہ موت کے کالے ڈھکنے کی مانند آنکھوں پہ رکھا ہوا
ابر کیسا ہے؟

تنور پر ایک تانبے کی تھالی کی مانند تپتی زمیں
کس لیئے !
دیکھ، ہم لوگ ! ایسے لرزتے ہیں سینوں میں ایمان
جیسے لرزتے ہوں

یہ کیسا آسیب ہے !!
اُن کی آواز لوٹ آئی۔

پھر کانپتے تلملاتے، دھڑکتے دِلوں سے یہ سب نے سُنا
"اَبر سے زہر برسے گا
تپتی زمیں اور دَہکے گی
وادی کا ہر پھول مَر جائے گا
وادی کا ہر غنچہ مَر جائے گا
خاک کے رحم میں سانس لیتا ہوا، آفرینش کا ہر بیج
مَر جائے گا"

یہ صدائیں اُفق تا اُفق گونج اُٹھیں
اور سب نے سُنیں

اُن میں دانا بھی تھے ــــــ
جن کی دانائیاں تن برہنہ کنواری کنیزوں کی مانند
لب بستہ تھیں
اور وہ لوگ بھی اُن میں موجود تھے ــــــ
کش مکش جن کے دل کی، گنہ گار جسموں کے
معصوم بچوں کی مانند حیران تھی
اور کتنے ہی وہ بھی تھے ــــــ
معصومیت جن کی فولاد پیکر غلاموں کی مانند
مقتول تھی۔

اور پھر یوں ہوا
سب کی نظریں اُٹھیں، جس طرف
اپنے اک ہاتھ میں ارضِ محکوم، اور دوسرے ہاتھ میں
جوہری بم لیے
ابنِ آدم کھڑا تھا، کسی آتشیں پیڑ کی چھاؤں میں
نیچے وادی میں اک شور تھا ۔۔۔
"وہ ہمارا خدا ہم کو لوٹاؤ
تسکین کی کوئی صورت تو ہو"

کوئی چھت، کوئی سایہ، کوئی سائباں
کچھ تو ہو جس کے ظُلمات میں چھُپ کے ہم
زندگی کاٹ لیں
اور یہ اَبر آنکھوں سے اوجھل رہے" ـــــــ

"وہ ہمارا خُدا ہم کو لوٹاؤ"
وادی کا یہ شور بڑھتا رہا
شور کرتی ہوئی بِھیڑ میں وہ بھی تھے ـــــــ
جن کے ایمان مضبُوط تھے

- - - - - - - - - - - -

- - - - - - - - - - - -

- - - اور پھر یُوں ہُوا
ابنِ آدم نے دیکھا ـــ کہ
وادی میں صَدیوں کا بُوڑھا خُدا، پھر سے موجود تھا۔

▲ ۶۳ء

# رسولِ کاذب

[مسیحِ مصلوب کے دو ہزار برس بعد یہ واقعہ ہوا]

یہ اُس زمانے کی بات ہے، جب رسولِ خورشید
راس الافلاک پر چمکتا تھا
وہ اِک زمستاں کی نیم شب کا سماں تھا
[ وہ نیم شب اِک رقیق چادر نہ جانے کب سے،
زمیں کے مُردار کالبد پر پڑی ہوئی ہے اور
اُس کے مسموم روزنوں سے گلے سڑے جسم کا تعفّن
اُبل رہا ہے ]
عناصرِ وقت منجمد تھے
تمام رُوحیں فشارِ مرقد میں مُبتلا تھیں
شجر، حجر خامشی کے سینے میں چُبھ رہے تھے
اور ایسے ہنگام ایک آوازِ نُور اَفگن
ظہورِ خورشید کی بشارت سے دشت و دَر کو جگا رہی تھی

ہزار ہا شب گزیدہ گاں کے ہجوم میں میں نے اُس کو دیکھا
وہ خونِ آدم میں اپنی زندہ خزاں زدہ اُنگلیاں
ڈبوئے ہوئے کھڑا تھا
لہو کا بپتسمہ دے رہا تھا
ہجوم سے ایک ایک کو بُلاتا تھا اور اُس کے ماتھے پہ
کلمۂ صُبح لکھ رہا تھا
تمام مُردے خزاں زدہ اُنگلیوں کے چھونے سے جاگتے تھے

گُناہ گارِ نفس تھا میں بھی
اُمیدوارِ شفا تھا میں بھی
پھر اُس زمستاں کی نیم شب میں
ہزار لمحاتِ شاق گذرے
اور ایک لمحے نے میرے زخمِ جگر کو چھو کر کہا
"مداوائے غم کی ساعت قریب ہے سجدہ ریز ہو جا"

یہ اُس زمانے کی بات ہے، جب
زمین کے بے شمار مُردے لہو کا بپتسمہ لے رہے تھے
(لہو کا بپتسمہ لے رہے ہیں)

رُسولِ خورشید کی صدا بھی گم ہو گئی
کہُر میں وہ کھو گیا

- - - - - - -

- - - - - - -

اُسی زمستاں کی نیم شب میں
خبر ملی ہے
کسی شبستانِ رنگ و نکہت میں
بے کفن لاش پر وہ بیٹھا خزاں زدہ ہاتھ سے
کسی کے لُہو کی تقطیر کر رہا ہے
اور اپنے کاسے کو بھر رہا ہے
خبر ملی ہے
لُہو وہ خورشید کا لُہو ہے!

# مَیں وَفا کا سوداگر

مَیں وفا کا سوداگر
لُٹ کے دَشت و صحرا سے
بَستیوں میں آیا ہُوں
خواب ہائے اَرماں ہیں
یا کچھ اَشک کے قطرے
زیبِ طرفِ مژگاں ہیں
جانے کَب ڈھلک جائیں
تار تارِ پیراہن
ہے لہُو میں تر لیکن
جامہ زیبیٔ اُلفت
لاج تیرے ہاتھوں ہے

اِک ہجومِ آنکھوں کا
چیختے سوالوں کا
ہر جگہ ہے اِستادہ

مَیں حیات کا مجرم
آرزو کا مُلزم ہوں
کوئی وَلولہ بیجاں
کوئی زیست کا ارماں
کچھ نہیں مِرے دِل میں

اے ہجومِ بے پایاں
مَیں دَریدہ پیراہن
سچ ہے تیری بستی میں
ننگِ پارسائی ہوں
وجہِ سنگساری ہوں!

# چور بازار

کاٹھ کے بیل، مرد، شیشے کی
پُتلیاں عورتیں، پسینے کی
بُوندیاں، گُل مہک شمیمِ بدن
چاکِ دل، زخمِ جیب و پیراہن
کار، لاری، کواڑ، آنکھیں، فن

لعل و الماس آہن و فولاد
قہقہے، چہچہے، فغاں، فریاد
سُوئی، ہاتھی، اناتھ، بچے دِل
تشنگی، تلخیاں، تجلّی، دید
کون سی آس، کون سی اُمّید
کون سی جنس چاہیے تجھ کو
ہر ضرورت کا مال حاضر ہے!

مال یہ سب کہاں سے آتا ہے ؛
بیچتا کون، کون لاتا ہے ؛
کس سے کس نے اِسے خریدا ہے ؛
کتنے داموں یہ اُٹھتا جاتا ہے ؛
کوئی بتلا سکے تو بتلائے !

بمبئی کی عریض سڑکوں پر
جب کوئی تازہ جنسِ دُنیا کی
ــــ کوئی نکھرا حسین رُخ ــــ مَیں نے
کوئی لپکی ہوئی جبیں دیکھی
یہی دِل میں خیال آیا ہے
تجربہ کار کوئی سوداگر
کوئی دَلّال یا کوئی سارق
سرِ بازار اُس کو لایا ہے
جانے کس روز بیچ ڈالے گا
وہ بھی ایسے ـ کہ اس کے داموں کا
دوسرے ہاتھ کو پتہ نہ چلے

آئینہ در آئینہ ——— ۹۲

جانے کس روز کتنے دروازے
چھو کے یہ جنسِ بے بہا آخر
کسی فٹ پاتھ کے کنارے پر
"لاٹ کی لاٹ" بن کے اُٹھ جائے

زندگی ہے کہ مالِ سرقے کا
چور بازار ہے کہ دُنیا ہے!

▲ ۱۵۸،

# غریبِ شہر

عجیب ہیں مری باتیں، عجیب ہے احساس
تمھیں خُدا نہ کرے یہ گُماں گذرتے ہوں
کہ بمبئی کا یہ گمبھیر سِن رسیدہ شہر
عمارتوں کا یہ پھیلا ہُوا گھنا جنگل
مَلامتوں کا بَلاؤں کا رَقص خانہ ہے
ہر ایک شخص ہے آسیبِ زر میں نَزع بہ لَب
کہ سانس کھُل نہیں سکتی ہے مَر نہیں سکتا

عجیب ہیں مری باتیں، عجیب ہے احساس
تمھیں خُدا نہ کرے یہ گُماں گزرتے ہوں
کہ بمبئی کا حَسین شہر کوئی عورت ہے
بنجی سَجائی، سنواری ہوئی جواں عورت

یہ جس کی رُوح گُناہوں کا اِک جہنّم ہے
جوان جسم جُھلستے ہیں اس کے شُعلوں میں
مگر یہ جان کے ہر اِک جواں ہے مُہر بہ لب
مِرے گُناہ کو رُسوائیاں نہیں مِلتیں

عجیب ہیں مری باتیں، عجیب ہے احساس
تمھیں خُدا نہ کرے یہ گُماں گزُرتے ہوں
یہ شہر، شہرِ نگارانِ ماہ پیکر ہے
یہاں پہ چاند اندھیروں میں قتل ہوتے ہیں
یہاں ہُنر کو متاعِ وفا میسّر ہے
یہاں پہ روٹیاں رکھی ہیں جُوتیوں کے تلے

عجیب ہیں مری باتیں، عجیب ہے احساس
تمھیں خُدا نہ کرے یہ گُماں گزُرتے ہوں
کہ آدمی تو بہر حال بے سہارا ہے
یہاں سوال مِلے راستوں پہ سوئے ہوئے
یہاں جواب مِلے اُلجھنوں میں کھوئے ہوئے

یہاں وہ ہاتھ ملے جن کا لمس زندہ ہے
یہاں وہ جسم ملے جن کی آگ روشن ہے

عجیب ہیں مری باتیں، عجیب ہے احساس
تمھیں خدا نہ کرے یہ گماں گزرتے ہوں
اُداس حبس زدہ دوپہر کا ہر لمحہ
ثباتِ تشنہ لبی آزما کے جاتا ہے
فسانۂ شبِ ہجراں کا طول ہے جیسے
اُمیدِ وصل میں جینا سکھا کے جاتا ہے
کچھ ایسے کٹتے ہیں دن رات، کیا خبر تم کو
متاعِ عمر لٹاتا ہوں شہرِ غربت میں
تمہاری دید کی اُمید ہٹ گئی ہوتی
تو اپنی موت اِک اِلزام تھی محبت میں

عجیب ہیں مری باتیں، عجیب ہے احساس
تمھیں خدا نہ کرے یہ گماں گزرتے ہوں
کسی اُداس شبِ ماہ میں کبھی جب میں
گزر جاتے چیختے، چنگھاڑتے سمندر سے

یہ پوچھتا ہوں ـــ "تجھے کب سکون ملتا ہے؟
کبھی تہوں میں ہے ہل چل کبھی کناروں پر
کبھی ہے سطح پہ شوریدگی، کبھی دل میں"
تو تھوڑی دیر سمندر اُداس رہتا ہے
پھر اُس کے بعد ہلاتا ہے ہاتھ موجوں کے
خدا گواہ سمندر مجھے بلاتا ہے!
اب آ کہ مجھ سے تری روح کو علاقہ ہے
اب آ کہ مَیں تو ترے پاس آ نہیں سکتا!"

عجیب ہیں مری باتیں، عجیب ہے احساس
تمھیں خدا نہ کرے یہ گماں گزرتے ہوں!

▲ ۱۹۵۷ء

# الف لیلیٰ کی آخری صُبح

فسانہ کیسے بڑھے
نہ کوئی ساحرِ پژمُردہ سن نہ سوداگر
نہ چین سے کوئی آئے نہ باختر سے کوئی
بلخ کے شہر میں اور قاف کے پرستاں میں
کوئی پری نہ پری زاد ـــــ کون آئے گا
فسانہ کیسے بڑھے

ولایتوں کے فرستادگانِ عشق تو کیا
کنارِ بحر پہ قزّاق بھی نہیں کوئی
عزا کنندۂ شب ہے نہ ہے پیامیٔ صُبح
نہ دشتِ رہ زدگاں میں ہے سبز پوش کوئی
نہ دیوتا ہیں نہ اوتار ہیں نہ پیغمبر
فسانہ کیسے بڑھے

ہزاروں راتوں کی وہ داستاں تمام ہوئی
ہزاروں قِصّوں کی وہ رات ختم پر آئی
نہ اِلتوا نہ تحیّر نہ کشمکش کوئی
بہانہ کوئی نہیں
بس اب مآلِ شکستِ بیاں کی باری ہے
فسانہ کوئی نہیں ——— اب تو جاں کی باری ہے!

۷۰ء

# کنفشن

CONFESSION. کلیسا کی رسم اقرارِ گناہ
وسیلۂ شفاعت

بس اتنی رُوداد ہے میری
عشق میں خانہ خراب ہوا میں
اُن کی آنکھوں کا تھا اشارہ
وقفِ جام و شراب ہوا میں

ظُلمتِ شامِ اَلم کم کرنے
اپنے ہی گھر میں آگ لگا دی
مَیں نے کُفرِ جُنوں کے ہاتھوں
مملکتِ کونین گنوا دی

دردِ وفا کو شہرت دے دی
محفل محفل غزل سُنا کر
زخموں کے گلدستے بیچے
گلی گلی آواز لگا کر

دیس دیس پھیلائی کہانی
اپنی وفا کی، اُن کی جفا کی
دَھجّی دَھجّی رُسوا کر دی
اپنے گریباں، اُن کی قبا کی

دِل کے لہُو سے کتنے آنسُو
چمکا چمکا کر چھلکائے
ریزہ ریزہ کانچ کے سپنے
لئے پھرا پلکوں پہ اُٹھائے

کبھی تو خود رویا محفل میں
کبھی انھیں خلوت میں رُلایا
اُن کی اِک اِک یاد کو سمجھا
رُوح ودِل وجاں کا سرمایہ

اُن سے جو غم ملا اس غم کو
اِک سومناتِ وفا ٹھیرایا
دُنیا کی اِک اِک اُلجھن کو
اُن کی زُلفوں سے اُلجھایا

اُن کی قامت کا افسانہ
دار تلک میں نے پہونچایا
اُن کے لیئے سو جان سے مَیں نے
موت کو اپنے گلے لگایا!

ہر اِک سر کو اُن کا سودا
ہر اِک شوق کو وحشت دیدی
ہر اِک دِل کو اُن کی تمنا
ہر سینے کو حسرت دیدی

بس اتنی رُوداد ہے میری
عشق میں خانہ خراب ہُوا ہُیں

کسی شجر میں، کسی حجر میں
فرشِ زمیں پر، عرشِ بریں پر
کسی ستارے، کسی قمر میں
عالمِ ارض و سما میں کہیں پر

کاش کوئی وہ ہستی ہوتی
جس کو یہ رُوداد سُناتا
بوجھ گُناہوں کا ہے دِل پر
آج کی شب ہلکا ہو جاتا

اُس سے کاش یہ کہہ سکتا مَیں
عالمِ کُل تجھ سے کیا پردا
کذبِ مکمّل ہے یہ کہانی
یہ سارا افسانہ جھُوٹا

مَیں نے خود ہی تراشا یہ بُت
اور اس بُت کو خدائی دے دی
مجھ کو بھی اس پر سچ کا گُماں ہے
جھُوٹ کو وہ رعنائی دے دی

### آئینہ در آئینہ ——— ۱۰۳

آئینہ خانوں میں رنگوں کے
اپنی ہی صورت کو سراہا
اپنی ہی تخلیق کو پوجا
اپنی ہی تلبیس کو چاہا

دِل کے محرم، رُوح کے شاہد!
جھُوٹ اور سچ پہچاننے والے
مَیں نے انھیں دیکھا بھی نہیں ہے
میری حقیقت جاننے والے!

میرے خیر و شر کے محاسِب
تجھ پر تو سب کچھ روشن ہے
میری سزا جزا کے مالک
میرا جُرم یہ میرا فن ہے

اپنی تمنّا کا مُلزم ہُوں!
مَیں ان خوابوں کا مُجرم ہُوں!

۶۱ء

# لبِ فرات

مِلی فضائے چمن سو دفعہ قفس ٹوٹا
بہار آئی طلسمِ غبار و خس ٹوٹا
فسوں خزاں کا یہ سچ ہے کہ ہر برس ٹوٹا
چھٹے تو پنکھ نچے، بازوؤں کا جس ٹوٹا
چمن سے جیسے قفس کا معاہدہ سا ہے
یزیدِ عصر سلامت حسین پیاسا ہے

بہار آئی تو گُل کے مزاج داں نہ مِلے
نگاہِ نرگس و نسریں کے ہمزباں نہ مِلے
زباں کو لفظِ غمِ دِل کے ترجماں نہ مِلے
نیازِ عشق کے سجدوں کو آستاں نہ مِلے
لبوں کو اِذنِ نوا ہے گلا رُندھا سا ہے
یزیدِ عصر سلامت حسین پیاسا ہے

ازل سے دوش نے فردا کی بات مانی ہے
بنائے عصر امیدوں پہ تھام رکھی ہے
کچھ اور صبر، قیامت تو رات بھر کی ہے
نگاہِ خواب میں تعبیر کی جھلک سی ہے

نظر نظر کو اُجالے کا واہمہ سا ہے
یزیدِ عصر سلامت حُسین پیاسا ہے

صلیب و دار سے خورشید کو صدا دی ہے
دہانِ زخم سے شمشیر کو دُعا دی ہے
لہو کے رنگ سے ذرات کو جِلا دی ہے
زمینِ رزم کی یوں آبرو بڑھا دی ہے

ہمیں تو خنجر و قاتل سے واسطہ سا ہے
یزیدِ عصر سلامت حُسین پیاسا ہے

ہمارے زخموں سے سینہ فگار ہے دُنیا
ہمارے اشکوں پہ خوں نابہ بار ہے دُنیا
شریکِ غم ہے بہت سوگوار ہے دُنیا
عزا سرشت ہے ماتم شعار ہے دُنیا

یہ شورِ نالہ و شیون تو دم دِلاسا ہے
یزیدِ عصر سلامت حُسین پیاسا ہے

اِک اور رات اسی دَشت میں بسر کرلو
تڑپ تڑپ کے شبِ درد کی سحر کرلو
سحر کو وردِ زباں اور رات بھر کرلو
بس ایک معرکۂ ظلم اور سَر کرلو
بڑھو کچھ اور کہ لاشوں میں راستا ہے
یزیدِ عَصر سلامت حُسین پیاسا ہے
۵۷ء

# طلوعِ درد

خیال آتے ہیں کیا کیا دِل میں، جب سُورج نکلتا ہے

یہ نیلا آسماں کوئی ہلاکِ زہر ہے شاید
دیارِ کہکشانی آگ کا اِک شہر ہے شاید
شفق مقتول تاروں کے لہُو کی نہر ہے شاید
یہ دُنیا میری صُورت وہ غریبِ شہر ہے شاید
جسے چلنے کی پابندی ہے جو مَر مَر کے چلتا ہے
خیال آتے ہیں کیا کیا دِل میں، جب سُورج نکلتا ہے

شبانِ شب وہی ہے اور وہی گردوں کا جنگل ہے
وہی تاروں کے گلّے ہیں وہی مشرق کا مقتل ہے
وہی صبحیں وہی شامیں وہی رقصِ مسلسل ہے
کہ یہ تخلیق کا نقصِ ازل نقصِ مکمّل ہے
ازل سے ایک چکّر ہے کہ چلتا ہے سو چلتا ہے
خیال آتے ہیں کیا کیا دِل میں جب سُورج نِکلتا ہے

محبّت نے مزاجِ فطرتِ برہم نہیں بدلا
وصال و ہجر نے تیرے شعورِ غم نہیں بدلا
ترے آنے سے کیا پایا — کوئی عالم نہیں بدلا
ترے جانے سے کیا کھویا — کوئی موسم نہیں بدلا
جو کانٹا رُوح میں سَلتا رہا ہے اب بھی سَلتا ہے
خیال آتے ہیں کیا کیا دِل میں جب سُورج نِکلتا ہے

۱۹۶۱ء

# رفتگاںؒ

تم یہاں سو جاؤ
تم کو یہ جگہ بھی گر نہ ملتی تم گلہ ہم سے نہ کرتے
ہم تمہارے ساتھ کچھ مٹی دیئے جاتے ہیں
اس مٹی سے اب ہم رنگ ہو جاؤ
یہ سنّاٹا تمہارے ساتھ ہے اب اس سے ہم آہنگ ہو جاؤ
تمہارے چاند سورج مر چکے ہیں
تمہاری روشنی
ظلمت
اُمید و نااُمیدی
ناؤ کاغذ کی

گھروندے ریت کے

بچپن، جوانی، عمر کا اِک ایک لمحہ
تم جو مُردہ اور زندہ چھوڑے جاتے ہو
وہ ہم اَوروں کو دے دیں گے
اکیلے جس طرح آئے ہو تم — وہ سب بھی آئیں گے یہاں تک
سب یہ ورثہ چھوڑ جائیں گے !
کوئی رہزن بنے یا راہ روکے
ہمسفر ہو یا کوئی رستہ دکھائے
اپنا رستہ سب کو تنہا پار کرنا ہے
ہمارا کام سولی پر چڑھانا ہے سو ہم کرتے ہیں
لیکن بوجھ سولی کا تمہیں کو ہے اُٹھانا

تم یہاں سو جاؤ
اپنا بوجھ اُٹھائے ہم بھی آئیں گے
ہمارے چاند سورج بھی مریں گے ! ▲

۶۷ء

## زکنارِ ما بہ کنارِ ما

یُگوں سے مَیں اس بَدن کے دیدار کو ترستا تھا
ڈائنا میری آنکھوں کے عین نیچے خموش لیٹی ہوئی ہے
اس کے بدن پہ کپڑا نہیں ہے
وہاں زمیں پر جہاں میں رہتا ہوں
میرے پڑوس میں اِک حَسین دوشیزہ رہتی ہے'
چھُپ کے اِک روز'
روزنِ دَر سے اس کو خلوتکدے میں دیکھا تھا' میں نے'
تو اُس کا دوشیزہ جسم ایسے ہی لگ رہا تھا

یہ کیسی آواز ہے
خلا سے جو چھَن چھَن کے آ رہی ہے
وہ جیسے آنکھوں سے کہہ رہی ہو
"مَیں سِتر ہر روز کھولتی ہوں تمہارے آگے
تمہارے پہلو میں ہُوں ازل سے
مگر ابھی تک، ہزار ہا فاصلوں کی تہہ دار چادروں میں چھُپی ہوئی ہوں
مجھے تو دیکھو!"

(اپولو کی کامیاب پرواز پر)

# آئینے سے

آئینے کچھ تو بتا اُن کا تو ہمراز ہے تو
تُو نے وہ زُلف وہ مُکھڑا وہ دَہن دیکھا ہے؛
اُن کے ہر حال کا بے ساختہ پَن دیکھا ہے
وہ نہ خود دیکھ سکیں جس کو نظر بھر کے کبھی
تُو نے جی بھر کے وہ ہر خطِ بَدن دیکھا ہے
اُن کی تنہائی کا دِلدار ہے دَمساز ہے تو
آئینے کچھ تو بتا اُن کا تو ہمراز ہے تو

کیا وہ شاعر کی طرح خود کو کبھی دیکھتے ہیں؟
ٹکٹکی باندھ کے کیا اپنی چھبی دیکھتے ہیں؟
شوخ، معصُوم، جواں، مَست، ہجل، بے پروا
کیا وہ خود اپنے یہ انداز سبھی دیکھتے ہیں؟
اِتنا گُم سُم ہے کہ خود اپنا ہی انداز ہے تو
آئینے کچھ تو بتا اُن کا تو ہمراز ہے تو

کبھی گھبرائے ہوئے بھی تو وہ آتے ہوں گے
دِل کی دَھڑکن کو جو رُخسار یہ پاتے ہوں گے
کانپتا جِسم سَنبھالے نہ سَنبھلتا ہوگا
اپنی آنکھوں سے بھی خود آنکھ چُراتے ہوں گے

ضبطِ ناکام کا گھبرایا ہُوا ناز ہے تُو۔!
آئینے کچھ تو بتا اُن کا تو ہمراز ہے تُو؟

مخملیں زُلف بنانے وہ جب آئیں گے نا
پہلے اُس چاند سے مُکھڑے کی بلائیں لینا
پھر زباں تجھ کو جو مِل جائے سرگوشی میں
حُسن کو اور نِکھرنے کی دُعائیں دینا

خلوتِ حُسن میں اِک عشق کی آواز ہے تُو
آئینے کچھ تو بتا اُن کا تو ہمراز ہے تُو

عزیز قیسی



# مکان خالی ہے

(سلیمان اریب کی یاد میں)

وہ جا چکا ہے
اِک اِک چیز اُٹھ گئی اس کی
وہ ایک کونے میں رہتا تھا پر گیا جب سے
ہر ایک کونے میں رہتا دکھائی دیتا ہے
چمک رہی ہیں در و بام اس کی تحریریں
کہیں پہ نقش ہے اس کی نگاہ کا پرتو
کھدی ہوئی ہے کہیں اس کے پاؤں کی آہٹ
ٹہل رہی ہیں صدائیں یہاں وہاں اس کی
اُتر گیا ہے وہ دیوار و در کے سینے میں
بکھر گیا ہے مکاں کے ہر ایک ذرّے میں
عجیب طرح سے آباد ہے یہ ویرانی
گلا دباتا ہے آسیب دم اُلٹتا ہے
یہ واہمہ ہے یہی آگہی تو آجائے
خدا نہیں، نہ سہی آدمی تو آجائے
مکان خالی ہے کب سے، کوئی تو آجائے!

# بے مکاں، لامکاں،

کیسے گزرے گی یارب زمستاں کی شب

ننگے پیڑوں کی یہ بے ردا ڈالیاں
یہ تشنج، یہ اکڑی ہوئی انگلیاں
پیڑ، پتھر ٹھٹھرتے ہیں اس رات میں
میں تو انسان ہوں کوئی پتھر نہیں

کیسے گزرے گی یارب زمستاں کی شب

چھو کے جاتی ہے دل کو نکیلی ہوا
کانپ جاتا ہوں، دل جیسے مر جائے گا
خون جمنے لگا، دست و پا شل ہوئے
ایسا لگتا ہے، برگِ خزاں کی طرح
میرے اعصاب تھرا کے گر جائیں گے

بھنچ گیا ہے دہن دانت ہیں منجمد
سانس کی دھار سے ہونٹ چھلنے لگے
گھٹ گئی ہے صدا جم گیا ہے گلا
کیسے آواز دوں، کس کو آواز دوں
میں بھی انسان ہوں میں بھی انسان ہوں

نیند آنکھوں کے مقتل میں مرتی ہوئی
رات ننگے بدن یوں ٹھٹھرتی ہوئی
مجھ سے کہتی ہے: "کس سوچ میں گم ہو تم
یہ زمیں ہے تمہارا یہاں کچھ نہیں
کوئی چھت، کوئی دیوار، چوکھٹ کوئی
کوئی دروازہ، کوئی مکاں کچھ نہیں
تم ہی امروز ہو، بے مکاں لامکاں
ماورائے زمیں، ماسوائے زماں
ہر جگہ پر ہو تم، تم کہیں بھی نہیں

سب میں ہو سب کی آنکھوں سے روپوش ہو
سب کی سنتے ہو اور آپ خاموش ہو

تم کو خود اپنی ہستی کا عرفاں نہیں
تم ہی معبود ہو، تم ہی مسجود ہو
شش جہت میں تمہیں تم تو موجود ہو
انہیں ہاتھوں میں عزّت بھی ذِلّت بھی ہے
جس کو چاہو اُسے بخش دو، چھین لو

موسموں کا چلن تم پہ موقوف ہے
کوئی رُت بھیج دو، کوئی رُت پھیر دو" !

۱۹۶۱ء

# کاواک

سب آنکھیں ٹانگوں میں جڑی ہیں
ریڑھ کی ہڈی کے منکوں میں کان لگے ہیں
ناف کے اُوپر رُوئیں رُوئیں میں ایک زباں ہے
پتلونیں ساری، آوازیں سُن لیتی ہیں
دو پتلونیں، جھگڑ رہی ہیں
"اتنی قیمت کیوں لیتی ہو؟ تم میں ایسی کیا خُوبی ہے"
"___ کیسے گاہک ہو تم آخر؛ مول بدن کا دے سکتے ہو
پتی ورتا کا مول تمہارے پاس نہیں ہے"
چُست نیکلا بریزیر یہ چیخ رہا ہے
"شرم نہیں آتی کُتوں کو، چرچ کے آگے کھڑے ہوئے ہیں"
رستم ٹھرّہ پیئے کھڑا ہے بس اسٹاپ کی چھت کے نیچے
اور سہراب سے پُوچھ رہا ہے
"بیٹا مال کہاں مِلتا ہے؟"

مندر کی چوکھٹ پر بیٹھی اندھی آنکھیں
آتے جاتے "اوتاروں" کی خُفیہ جیبیں تاک رہی ہیں
ہسپتال کے اُونچے نیچے زینوں پر اِک اِک مُردے کو
گاندھی جی دونوں ہاتھوں سے انجکشن دیتے پھرتے ہیں
واشنگٹن، ویت نام میں بیٹھا برہم پتر کے پانی کو وہسکی کے جام میں گھول رہا ہے
لندن، لنکا کی سڑکوں پہ سر نیوڑھائے گھوم رہا ہے
کانگو، آوارہ پھرتا ہے پیرس کے گندے چکلوں میں
بُدھ کے ٹوٹے پھوٹے بُت کے سر پر، بوڑھا کرگس
مُردوں کی مجلس میں بیٹھا اپنی بپتا سنا رہا ہے
مسجد کے سائے میں بیٹھا کم سن گیدڑ
اُس کی گواہی میں کہتا ہے
"بے چارہ کم سن ہے اس کی چونچ سے اب تک
دُودھ کی خوشبو سی آتی ہے"
اُوپر نیلے کھُلے گگن میں
ایک کبوتر اپنی چونچ میں اِک زیتون کی شاخ لیئے اُڑتا پھرتا ہے
اور اس شاخ کے دونوں جانب
ایٹم بم کے پات لگے ہیں

انسان کا دایاں بازو اِک برگِ خزاں کی طرح لرز کر ٹوٹ رہا ہے
اور اس کے بائیں بازو پر کوہِ ہمالہ دَھرا ہُوا ہے
جانے پھر بھی وہ تلوار کی دھار پہ کیسے چل سکتا ہے
مَیں اِس بھیڑ میں چوراہے پر تنہا بیٹھا سوچ رہا ہُوں
دُنیا اِسرافیل کے پہلے صُور کے بعد یُونہی لگتی ہے
"گیس کے کرے" میں شاید یُونہی ہوتا ہے
پوپ پال کی ٹوپی میرے بھیجے میں دھنستی جاتی ہے !

۶۵ء

# آخری دِن سے پہلے

اور دیکھو یہ وہ شخص ہے جو اَزل سے یُونہی چل رہا ہے
یونہی جاگتے ہیں بھی چلتا ہے، سوتے میں بھی
اس کے اِک ہاتھ میں قرصِ مہتاب ہے دوسرے
ہاتھ میں کُرّہ ارض ہے، پاؤں تلوار کی دھار پر ہیں
اور دیکھو کہ اسمات میں بھیڑ ہے، یہ وہی لوگ ہیں
جو نہیں جانتے ہیں کہ وہ کچھ نہیں جانتے
اور دیکھو کہ وہ شخص جو نیکیوں اور گناہوں کے مشغال
اُٹھائے ہوئے چل رہا ہے، وہ یہ جانتا ہے کہ اِس بِھیڑ
میں کچھ کھُلے لوگ ہیں، کچھ چھُپے لوگ ہیں، وہ کسی
لمحے اس شخص پر اپنی جلتی ہوئی مُٹّھیاں پھینک دیں گے
وہ دھماکے چھُپائے ہوئے مُٹّھیوں میں کھڑے ہیں
اور دیکھو اگر کُرّہ ارض اور قرصِ مہتاب کو
رکھیں میزان میں ایک جانب اُدھر ان دھماکوں
کو رکھیں تو دونوں برابر ہی نکلیں گے لیکن
یہ انصاف کیسے ہو؟ اندھا تو میزان اسی وقت

عزیز قیسی



اُٹھائے گا جب کہ وہ شخص پُل سے سلامت گزُر جائے
اندھے نے کب سے منادی یہی پھیر رکھی ہے
لاٹھی سے انجان کو بھی معافی نہیں مِل سکے گی

اور دیکھو کہ وہ لوگ جو جانتے ہیں کہ وہ جانتے ہیں
رسّیاں ان کی لمبی ہیں وہ اس لئے نہ تو اندھے ہی
کو بخشتے ہیں نہ لاٹھی کو

ان کے دِلوں پر سماعت بَصارت پہ مُہریں لگی ہیں
اور دیکھو کہ یہ پُل بھی کیسا ہے، خَلا اس کے اُوپر ہے
نیچے اندھیرا ہے دونوں سرے اس کے ظُلمات میں
ہیں۔

وہ جو کہتے ہیں ظُلمات کے نیچے مُردوں کی اِک سلطنت ہے
کیا وہ یہ نہیں جانتے ہیں کہ مُردوں کی وہ سلطنت کِس جگہ ہے
کیا وہ یہ نہیں جانتے ہیں کہ وہ شخص وہ خود ہیں
ان کو جتا دو عدم کا خَلا اور مُردوں کی وہ سلطنت تو
یہیں ہے تمہاری کُھلی اور چُھپی مُٹھیوں میں! ▲

سنہء

## بین العدمین

یہ تضادِ جان و جسد جسے
تُو وصال کہہ لے فراق میں
تُو نشاط کہہ لے مراق میں
تُو رواق کہہ لے کہ بحر و بر
مَیں مذاق کہہ لوں کہ خیر و شر
ترے میرے کہنے میں کچھ نہیں
کہ ترا یقین مرا گماں
کہ مرا گماں، ترا یقیں

ترے درک و ہوش و حواس کی
مرے وجد و وہم و قیاس کی
یہی ایک پل تو اساس ہے
یہی ایک پل ترے پاس ہے
یہی ایک پل مرے پاس ہے
اسی ایک پل کو مُرور ہے
اسی ایک پل کو دوام ہے
اسی ایک پل کو قیام ہے
اسی ایک پل کو سلام ہے
نہ حیات، ازل، نہ اَجل، اَبد
یہی پل اَزل، یہی پل اَبد !

# سُورۂ دلؔ

وہ فرشتہ ہی تھا:
مَیں اُسے حُسنِ ملکوت کے جسم اور ایک انساں کے "شخص"
میں جانتا تھا۔
وہ مرا عِشق تھا، دین و دِل تھا مرا، میرا ایمان تھا
وہ مری جان تھا۔
اُس نے سینہ مرا چاک کر کے مرے دِل میں انگارہ کوئی اُتارا
اُسی دِن سے مَیں،
لرزہ بر تن ہوں اپنے لہُو میں نہایا ہوا
اپنی ہی بے گناہی سے دہشت زدہ
رُوحِ لرزندہ کا بار اُٹھائے ہوئے
گردِ آنات کی زخم در زخم چادر لپیٹے ہوئے
وادی وادی بھٹکتا ہُوں

کوئی نہیں جو مرا سورۂ دِل سُنے :

ـــ دِل اکیلا ہے لوگو، اکیلا رہے گا

یہاں بس یہی ایک سچ ہے ـ یہاں سچ کہیں بھی نہیں

عشق کاذِب ہے، اُمید بے اصل ہے

سب وفا کے صحیفوں میں تحریف ہے

مَیں کسی بانجھ پانی پہ برسا ہُوا ابرِ نیساں ہوں

جو مَر چکا

تم کسی زندہ مٹّی میں پھینکے ہوئے لاولد بیج ہو

جو نہ پیدا ہوا ہے نہ ہوگا

ازل درد ہے اور ابد درد ہے

درد ہی ابتدا درد ہی اپنی حد ہے ـــــ

مگر کون ہے جو مرا سورۂ دِل سُنے

اور ایمان لائے

یہاں سب فرشتے ہیں

یا سب کے سینوں میں آیات ہیں ! ▲

۱۹۷۱ء

عزیز قیسی



# خوابِ نیم شب

وحشت اثر نیم شب
مُنجمد و مُستقِل
مُشتعِل و مُنفعِل

کب سے نہ جانے مجھے
یُوں ہی جگاتی رہی
یُوں ہی سُلاتی رہی
آنکھ ہوئی بند جب
چاروں طرف رات تھی
خواب مگر دِن کے تھے
نُور سے لبریز سے
رنگ سے معمُور سے
آنکھ مگر جب کھُلی
آگے وہی رات تھی

وحشت اثر نیم شب
مُنجمد و مُستقِل
کاش کبھی یُوں بھی ہو
آنکھ لگے جب تو ہو
رات بھی ظلمات بھی
خواب بھی ہو رات کا
وحشت اثر غم فزا
خواب بھیانک رہے
سینے پہ جیسے چٹان
ضیقِ نفس تنگ رہے
آنکھ مگر جب کھُلے
آگے اندھیرا نہ ہو
چاہے سویرا نہ ہو ▲ سنشۂ

## دائرہ

سرِ محفلِ دل، پسِ منزلِ جاں
میں چلوں تو کدھر؟ میں رکوں تو کہاں؟
نہ گمانِ خدا، نہ یقینِ صنم
نہ جلالِ خدا، نہ جمالِ صنم
"نہ وصالِ خدا، نہ وصالِ صنم"
ہمہ عمر ــــ یہ حرفِ سوال کہ ہم
نہ یقیں نہ گماں؟

نہ جوابِ عمل، نہ حسابِ اجل
کہ یہ دشت و جبل
یہ اَبد یہ اَزل
نہ تو سرِّ تجلی، نہ تو رازِ نہاں
نہ تو صبح نہ شام نہ رات کہیں
ترا ساتھ ملے
کبھی رات ملے
کہیں موت ملے تو نجات ملے
پسِ منزلِ جاں ہے نجات اگر
مَیں رُکوں تو کہاں؟
مَیں چلوں تو کدھر؟

۶۱ء

## غالب سے

ـــــ معذرت کے بغیر ـــــ

تم ہوتے تو کیا کہتے ؛
گرچہ عرش کے آگے کا منظر بھی زد میں ہے پروازِ نظر کی
گرچہ عالمِ امکاں کی وُسعت میں
دوسرا نقشِ قدم بھی تمنّا کا آنکھوں نے دیکھ لیا ہے
لیکن اب تک
لاتعداد اُفتادہ دِلوں کے دَرد کی اندھی گہرائی ہیں
پائے نگاہِ چارہ گراں بھی پڑ نہ سکا ہے

تم ہوتے تو کیا کہتے ؛
نالہ کہاں جاتا کہ فلک ہی کوئی نہیں ہے
نغمہ نَے سے لَے سے خفا ہے
لفظ معانی سے آزاد ہیں، نقش لکیروں سے رُوگرداں
شعلۂ عشق کہاں ہے، اب تو صرف سِیہ پوشی ہے

راکھ ہی راکھ ہمہ آفاق نظر آتی ہے
کیا ہو مشاہدۂ حق اب تو بادہ و ساغر کا حیلہ بھی
بے معنی ہے
جامِ سفالیں ٹوٹ چکا ہے دِل کی طرح
اور ریزہ ریزہ بکھرا ہوا ہے سطوتِ جم کی راہِ طرب میں
مَے ناجنسوں کے اڈّے کی اِک قحبہ ہے
شوق کوئی دَلّال ہے، دستِ ہَوس گاہک ہے
اور حُکم ہے جرم، سزائیں اُولُوالامر ہیں

تم ہوتے تو کیا کہتے؟
پہلے ہاتھ قلم ہوتے تھے اب تو زبانیں کٹ جاتی ہیں
شُکر کرو جو کہنا تھا تم نے کہہ ڈالا
شُکر کرو، تم نہیں رہے اور ایک صَدی تک تو زندہ ہو
اس کے بعد نہ جانے کیا ہو
شُکر کرو کہ لوحِ جہاں پر حرفِ مکرّر بن نہ سکے تم! ▲

# یکش نگری ـــــ ۱

"مَیں پیار ہُوں گیان ہوں"
[ یہ گیان تو بیج ہے جو کالے کروپ اور سخت پتھروں
کی سِلوں کے نیچے بھی دَب کے مرتا نہیں ]
"[ یہ گیان سچ ہے تو ] یہ بتاؤ
سَمئے کے ہونٹوں پہ تِلملاتا سوال کیا ہے ؟
وہ دیس وہ ہاتھ اب کہاں ہے"؟

---

کہتے ہیں یکش ایک ناری مخلوق ہے، جو
کیلاش پربت کے آس پاس رہتی ہے ۔ اور جس کا کام ہے
سونا جمع کرنا ـــــ جس کا راجہ کُبیر ہے ۔
سنجیونی بُوٹی ـ کیلاش کے آس پاس تھی
لیکن ہنومان کو ٹھیک وہ جگہ معلوم نہیں تھی، اس لئے وہ پہاڑ اُٹھا لایا ۔
"میگھ دوت" کے یکش کو کبھی تیزب میں رام گیری پر
یکشوں کے راج کے قانون توڑنے کی سزا میں
پھینک دیا گیا تھا ۔ اب سے اسی یکش نے اپنے
ہجر کی رُوداد بیان کی ہے :

"سُنو

وہ ہاتھ جو اِک وشال پربت اُٹھا کے لایا تھا
پیار کا ہاتھ تھا
وہ ہاتھ ان جان تھا
وہ یہ نہیں جانتا تھا
پربت کے کوئی اَن دیکھے سِینگ پر
برف کی چادروں کے نیچے
چُھپا ہوا ہیم کُنڈ بھی ہے
وہ صرف اتنا ہی جانتا تھا
کہ ایک تَن پر ہے گھاؤ
جیون پہ گھاؤ ہے
ایک سانس گھائل ہے
موت سے ایک ٹمٹماتے دِیے کا سنگھرش ہو رہا ہے"
"ـــــ یہاں بھی سنگھرش ہو رہا ہے
یہ کال سنگھرش کال ہے
تب تو ایک تن پر تھا گھاؤ
اب تو ہر ایک تن پر ہے"
"ـــــ گھاؤ تن پر نہیں ہے'

عزیز قیسی



من پر ہے
یہ گھاؤ اس کال کا ہے جیون
اگر کوئی روگ موت کا ہو تو کوئی میٹے
یہاں تو جیون ہی روگ ہے اس کو کون میٹے
اُسے تو سنجیونی کی تھی کھوج
اور تم کو ہے موت کی کھوج
موت جس کو تمہارے اگیان نے بڑا سرل نام دے دیا ہے
تمہیں تو سونے کی کھوج ہے
جس کے چھل میں تم آ گئے ہو اور اس کو جیون سمجھ رہے ہو"
"ــــ وہ موت ہے یا ہمارا جیون
کچھ بھی ہے
تم پتہ بتاؤ
کہاں ہے وہ دیس
ہمارے ہاتھوں میں کون سا ہاتھ ہے
جو وشال پربت سہار لے گا" ــــ
"ــــ نہیں ہے کوئی بھی تم میں بھگتی کا وہ اجتے ہاتھ"
"ــــ ہم میں بھگتی نہیں ہے، شکتی ہے
اور شکتی، اجتے سچائی ہے

خون کا کوئی رشتہ نہیں کسی سے
پون سے پانی سے آگ، مٹی سے پرتھوی سے
ہمیں تو سونے کی کھوج ہے
وہ کہیں سے آئے
کہیں سے پائیں
گگن میں ہو تو:
گگن کے سینے کو آگ سے اور دھوئیں سے بھر دیں
سُنار کی دھونکنی بنا دیں تمام دُنیا کو
سب ستاروں کی انکھڑیوں سے
سُنہری جوتی کو نوچ لیں
چندرما کے گلے پہ مضبوط ہاتھ دھر دیں
اور اس کی سانسوں کی پیلی لڑیوں کو توڑ ڈالیں
____ ہمارا رشتہ نہیں کسی سے
کہیں اگر پانیوں میں ہو تو:
کھنگال دیں سارے تال، پاتال
متھ کے رکھ دیں سمندروں کو
نچوڑ دیں ندیوں کی چُنریاں
اور تڑپتے پھنکارتے جلوں کی بے چین گردنوں میں

خود اُن کی لہروں کی پھانسیاں ڈال دیں
ـــــ ہمارا رشتہ نہیں کسی سے

کہیں وہ مٹّی میں ہو تو :

رَوند دیں
مَسَل دیں، تاراج کر دیں
پَیروں تلے کُچل دیں
لہو تو خنجر اُتار دیں اس کی سخت چھاتی کو
گھاؤ کر دیں ـــــ
ـــــ ہمارا رِشتہ نہیں کسی سے
ـــــ یہی تو تم کر رہے ہو
پھر مجھ سے پُوچھتے کیا ہو وہ دیس اب کہاں ہے
تمہیں تو ہو کیش
کیش نگری یہ ساری دَھرتی تمہاری دَھرتی ہے
پہلے تو اِک کبیر تھا
اب تو سب ہی کبیر ہیں
[ کبیر کا دھن کوئی خزانہ نہیں ہے ۔ اب وہ
ہر ایک سینے میں لوبھ وِش بن کے پھیلتا ہے" ]
برہ کی دے کر سزا تمہیں پھینک دیں ـــــ تو کہاں ؟

کہ اب تم
گگن میں، پاتال، تال میں
پورب اور پچھم
اُتر اور دکھن میں
ہر دِشا میں بسے ہوئے ہو

میں گیان ہوں
پیار ہوں
اس تمہارے یُگ میں
مرے لئے کوئی چھت نہیں ہے
کہیں ٹھکانا کہیں بسیرا نہیں
کسی دِل میں دفن کردو
مجھے کہیں پر گروپ اور سخت پتھروں کی سِلوں کے نیچے دبادو'
لیکن

مَیں بیج ہوں' پھر بھی اُگ پڑوں گا
کبھی پَون پُتر کوئی، شاید

پھر آئے گا میری کھوج میں
اک ہما لئے نہیں
سوئم پرتھوی کو، اس وقت
وشوا کے دِل سے نوچ لے گا"

۲ ـــــ

مَیں چُپ رہ نہیں سکتا
یُوں ہی رہ رہ کر پُوچھوں گا
اِس سونے کا کیا کرنا ہے؟
جھلّاہٹ میں آگ اور پانی کو چھُوتے ہو
چھُوتے جاؤ
تم تو ہَوا کو بھی چھُو سکتے ہو
لیکن
سانس تمہاری اپنی ہے
مَیں تو تمہارے دِل میں ہُوں
مجھ کو تم چھُو نہیں سکتے
اس سونے کا کیا کرنا ہے؟

گاڑھو گے، تو اس کے ساتھ کسے گاڑھو گے؟
اس کی رکھشا کرنے کو اِک ناگ چاہیئے
ناگ تو رل نہیں سکتا
تم نے سب بیٹوں کو چھُو کر
سب کے سونے کے بُت بنا لیئے ہیں
بیٹی ناگن بَن سکتی ہے
لیکن بیٹی اکلوتی ہے
اور رِمتی بس اتنی ہی ہے!

ـــــــ ۴۳

وہ روز اپنی گداز باہیں
گُداز رانیں
جوان ولبریز چھاتیاں
سُرخ ہونٹ
چمکیلے کالے گیسُو
چمکتے رُخسار
انگ انگ اپنا

دہکتی بھٹّی میں ڈال دیتی تھی
سونے چاندی کے رنگ کا اِک رقیق سیّال
اُس کی سانسوں کے گرم اور سرد سانچوں میں روز ڈھلتا تھا
جم کے، اس کا بدن ہی بنا تھا
ایک شب، اُس نے گات اپنا
اسی طرح جب دہکتی بھٹّی میں جھونک ڈالا
تو اُس کی سانسوں کے گرم اور سرد سانچوں میں
تب سے
رقیق سیّال سونے چاندی کے رنگ کا
جم نہیں سکا
انگ انگ اُس کا بِکھر گیا
تو ہونٹ پہلے مَرے
پھر عارض
پھر اُس کی باہیں مَریں
جُھلس گئی زُلف
چھاتیاں پگھلیں
کمر گلی
اس کی رانیں ترخ گئیں

اور رقیق سیال سونے چاندی کی کرچیاں بن کے
اس کی جلی ہوئی ہڈیوں میں دھنستا گیا
وہ اس طرح مر گئی
پر اُس کی نگاہیں زندہ ہیں
مجھ سے کہتی ہیں
"تم بھی ہر روز اپنے بدن کے فولاد
دل کے شیشے کو یُونہی بھٹّی میں جھونکتے ہو
تو دیکھ لو
رات رات، دِن دِن
گھڑی گھڑی لمحہ لمحہ
مری طرح تم بھی مر رہے ہو
مری طرح سب ہی مر رہے ہیں
مگر نگاہیں بچائے رکھنا" ▲

ـــــــ